AF226628

UNE
SOLUTION NOUVELLE

ET

QUI DOIT TOUT CONCILIER

ÉTUDE POLITIQUE SUR LA SITUATION PRÉSENTE
AVEC PIÈCES JUSTIFICATIVES

PAR

LE C^{TE} DE QUINSONAS

LYON

EN VENTE CHEZ TOUS LES LIBRAIRES

—

1873

Lyon. — Imp. Aimé Vingtrinier

UNE

SOLUTION NOUVELLE

ET

QUI DOIT TOUT CONCILIER

ÉTUDE POLITIQUE SUR LA SITUATION PRÉSENTE
AVEC PIÈCES JUSTIFICATIVES

PAR

LE Cte DE QUINSONAS

LYON

EN VENTE CHEZ TOUS LES LIBRAIRES

—

1873

PROLOGUE

—

La lettre de Salzbourg est un événement imprévu
de la plus haute gravité, un témoignage éclatant de
LOYAUTÉ CHEVALERESQUE d'un autre âge ! mais venant tout à coup ajourner encore le retour bien plus
désiré qu'on *ne veut généralement paraître le
croire,* de la royauté légitime et héréditaire indispensable pour assurer l'avenir.

Sans laisser ébranler en rien nos monarchiques
convictions, basées non sur l'ambition ou l'intérêt
mais bien sur le véritable et sage patriotisme, nous
devons humblement nous incliner devant les vues
impénétrables de la divine Providence, et attendre
résignés, mais forts du droit, du bon sens et de nos
consciences. Jamais l'indispensable opportunité du
principe sauveur, libérateur et seul capable de con-
jurer la décadence finale, oui, le FINIS GALLIÆ

comme la Pologne, ne s'était plus clairement *affir-
mé, manifesté* que par l'ivresse éhontée, la joie
délirante des Prussiens du dehors, mais surtout de
l'intérieur !

Ils auraient donc eu bien peur que la France ne
se relève par la régénération d'un *règne honnête*
enfin ! et aussi fort que paternel ? Maintenant que
tous sont *rassurés,* nous les voyons tous également
s'efforcer à l'unisson, d'étouffer, d'écraser perfidement sous les fleurs de leur rhétorique traî-
tresse de condoléances monseigneur le comte de
Chambord. En voulant ainsi le rendre impossible,
Dieu les pousse à le grandir encore eux-mêmes par
leurs propres aveux comme pour constater la majesté
royale de cette noble et grande figure, nous disant
ces belles paroles : Ma personne n'est rien, mon
principe est tout. Certes ! on ne lui reprochera pas
l'ambition à ce fils de saint Louis, ni de conspirer
et d'intriguer ? et qu'il y a loin de cette loyauté
royale au crime du 4 septembre en face de l'en-
nemi, au 2 décembre, à Strasbourg et Boulogne ! Il
veut le salut, le bonheur de tous, mais il ne veut ni ne
peut se déshonorer, ni tromper personne. Ce retard
imprévu, même chez nos ennemis les plus impla-
cables (tant la royauté semblait inévitable et nécessaire), a causé en Europe une stupeur véritable.
On reconnaîtra, même plus tard, que ceux qui
hurlaient le plus contre le retour au droit, au
salut, au bon sens, le désiraient même au fond du

cœur, jouaient à la Bourse, et, sûrs de *gagner de l'argent*! avec la rente qui devait infailliblement monter. Mais ils voulaient conserver leur *popularité radicale*. Ils sont furieux et accusent le roi et les députés royalistes d'avoir trompé le pays! Actuellement, ils ne voudraient plus de la prorogation du *statu quo* et pour dix ans des pouvoirs du Bayard des temps modernes, qu'ils croient insulter en l'appelant un *Monk*. Ils le demandaient avant.

Revenu de l'étonnement douloureux qui retarde la délivrance, pouvons-nous reprocher au roi de s'arrêter honnêtement devant un *malentendu*, un équivoque pour le drapeau seul, car les libertés, il les proclame toutes, il va même au devant d'elles!

Le drapeau tricolore, on ne peut le contester, fut celui de la *révolution sanglante*, des *horreurs* de 93! Peut-on lui imposer à lui l'inacceptable sacrifice de prendre pour son étendard celui qui fut trempé dans le *sang* de Louis XVI, de Marie-Antoinette, de Mlle Elisabeth, des infortunés et innombrables défenseurs de sa famille? Non, non sans doute. Mais si je n'étais un simple et modeste *hobereau* j'oserais lui dire : Sire, si vous repoussez le drapeau de Robespierre et de la Terreur, dont l'auréole des gloires suivantes s'éclipsa, hélas! à Sedan pour servir de trophées à nos farouches vainqueurs, sans doute que votre droiture ignore tout le parti que les passions haineuses, perfides et traîtresses sauraient tirer encore pour le présent même et surtout pour l'avenir du préjugé immense, *très-injuste* mais trop réel, hélas ! contre la *blanche bannière des lys !* qui pourtant a fait la France.

Oui, sire, ayez compassion des *embarras* inévitables de votre successeur ! qui déjà nous est *cher par sa noble conduite !...* Mais ayez pitié aussi de nos enfants et ne laissez pas la porte ouverte ni le moindre prétexte à la DERNIÈRE DES RÉVOLUTIONS, car après celle-là il n'y aurait plus de remède. Reprenez, comme le dit votre manifeste, l'œuvre interrompue à la fin du dernier siècle (par la *hache révolutionnaire*); mais, j'ose vous le dire : Que Votre Majesté à son tour fasse UNE GRANDE RÉVOLUTION ! et nous régénère par la *fusion* de tout ce qu'il y eut de bon jadis avec ce qu'il est indispensable d'utiliser dans notre nouvel état social moderne, et que comprend si bien votre cœur de roi père de ses sujets.

Pour marquer une ère nouvelle de bonheur et de nouvelle régénération, ô mon roi ! convenez avec la majorité de nos représentants d'arrêter et de choisir *une moderne oriflamme,* choisissez, créez un drapeau, nouveau symbole de la France nouvelle, dont vous êtes l'espoir et serez le salut.

Vous nous sauverez ainsi par une *solution* nouvelle et qui doit tout concilier.....

UNE
SOLUTION NOUVELLE

ET

QUI DOIT TOUT CONCILIER

I

Combien M. de Villemessant avait raison de dire
dans son si judicieux article, du *Figaro*, 29 septembre, qui va droit au fond des choses : « Les meil-
« leurs procès se perdent. — Il pouvait ajouter, en France
« principalement — et l'on ne sait jamais le sort de la
« meilleure cause que quand le jugement du tribunal
« est rendu. » Comme lui je connais des paroles sur
cet air là, ayant comme lui tâté de la justice des hommes ; je sais aussi tout ce dont est capable le peuple
le plus spirituel de l'univers à propos de quelques mè-
tres d'étoffe.

Certes, nous sommes bien loin d'avoir encore dou-
blé le Cap des tempêtes et d'être ancrés au port du salut, à l'abri des tourmentes et surtout loin d'être guéris
de l'épouvantable *lèpre* des révolutions qui nous ronge
et semble incurable. L'orgeuil nous peut mener loin !

Un peuple aussi avisé et malin que le nôtre auquel
l'expérience douloureuse ne saurait rien apprendre et

dans sa vanité futile ne jurant toujours que par les idées nouvelles, la société moderne, les immortels principes de 89 ou les impérissables et glorieuses conquêtes de notre sublime et grandiose rrrrrévolution (dont les fruits sont si doux); le peuple souverain en un mot — le plus aimable des souverains ! — qui a toujours pris des vessies pour des lanternes, lâchant la proie pour l'ombre, lui qui si longtemps a cru les intrigants sur parole, et cru à *cette belle garde nationale*, hélas !

Un peuple enfin, dis-je, ayant si bien plébiscité que bien des gens voudraient replébisciter encore, est-il bien capable de se tâter le pouls, de voir, de sentir le danger, d'éviter le précipice ? Qui oserait l'espérer après tant d'insanités chroniques ?

Nos fredaines politiques nous coûtent cher, mais ne nous profitent guère. Après avoir acclamé, pris pour des oracles, des demi-dieux et des sauveurs les sinistres *pantins* aux beaux discours et aux idées creuses de 48, que nous connaissons et démasquons, nous les avons retrouvés ces tribuns, vieux, édentés, surannés, rabâchant toujours république et liberté ! raison pour laquelle on les acclamait avec bien plus d'entrain au 4 septembre, triste date de notre histoire jadis si glorieuse, et quel lamentable contraste ?

Dès lors, pourquoi ne pas ou les garder toujours ou les reprendre encore — pour ce qu'ils valent — plus tard lors qu'il auront vieilli et rabâché un peu plus et coûté plus cher, fait tuer et ruiner plus de monde, sans parler de ce qu'ils coûtent à la *chose publique.*

N'est-il pas à redouter qu'un véritable troupeau de moutons de Panurge qui s'est volontairement laissé *bâter,* illégalement surmener, opprimer et ruiner aux doux accents de la *Marseillaise* par la criminelle et inepte dictacture insensée de ces gens-là, ne semble pas encore assez puni, bâtonné, étrillé comme il le mérite ? ne soit pas encore de force, quoiqu'au bord de l'abîme, pour se cramponner dans son inqualifiable incurie à la *seule planche du salut* qui lui reste et pour saisir la *dernière perche* que, grande et généreuse, la Providence — sans rancune — veut bien essayer de nous tendre *in extremis !* Là est la question : être ou finir. Pas de milieu, monarchie ou partage, pétrole et compagnie, finir comme la Pologne.

Et après de si épouvantables malheurs, après de si longues et si lamentables convulsions, qui nous dit que la France, nouvelle et soi-disant *régénérée* par le souffle *du progrès !* ait déjà retrouvé assez de sens commun pour comparer son problématique et sombre avenir avec l'état si propère des monarchies voisines et non révolutionnaires ; ne parlons pas de l'Italie ingrate et dont l'heure approche.

Donc, il n'est rien moins que prouvé par tout ce qui se passe, se dit et s'écrit tous les jours que nous ayons la conscience, même l'instinct du danger, à plus forte raison, l'intelligence de chercher à nous sauver des *barbares du dedans*, ces sauvages qui nous livrèrent aux barbares du dehors et sans remords nous y livreraient encore à la plus grande gloire de l'*utopie* républicaine, génie néfaste de nos tribulations sanglantes.

Qui pourrait nier l'alliance, que dis-je, la *fusion prusso-communarde*, et celle-là on se garderait bien la de signaler, de la voir, de la prévenir et même de la redouter...

Mais nous avons trop d'esprit pour ne pas faire chorus

avec ces mêmes ennemis mortels du dedans et ceux du dehors particulièrement, ô! honte! tous furieux, tous *également menacés*, par notre *fusion réparatrice et providentielle à nous*! qui devait rallier, *fusionner* tous les cœurs français pour peu qu'ils eussent la moindre intelligence. En vérité c'est monstrueux, inconcevable, c'est idiot, et l'on parle encore de patriotisme, et c'est là *le progrès?* N'est-il pas honteux, je dirai même hideux de voir et d'entendre journellement approuver, citer et commenter avec amour les plus bêtes calomnies surannées, les plus vieilles rengaînes frippées que la peur, mauvaise conseillère, et les craintes fort naturelles de Berlin et autres lieux où l'on désire notre *ruine finale et totale*, soufflent à nos hommes de révolution. Leur terreur est égale à celle de *leurs bons alliés*. Ils ne veulent pas, d'un commun accord, que la pauvre France sorte de l'ornière démagogique et, pansant ses blessures douloureuses, puisse reprendre son glorieux rang dans le monde pour les faire trembler à leur tour. C'est tout simple, mon Dieu! ces gens-là sont logiques et dans leur rôle, seulement nous devrions le comprendre! Mais le centre gauche? MM. Thiers et Henri Martin ont si peur de peiner la Prusse?

Cependant, me direz-vous, il ne faut pas désespérer; tout n'est pas perdu, il y a encore plus que les dix justes de Sodome. On peut néanmoins *régulariser* le suffrage universel — et il en a besoin, — épurer les listes électorales des trop nombreux coquins, *repris de justice et des vagabonds* sans feu ni lieu. On a déjà compris tout ce que valaient les *baïonnettes intelligentes* pour le désordre, et j'avoue que c'est énorme comme chance de sécurité, et que si les masses étaient livrées à elles-mêmes, le gros bon sens et l'instinct de la conservation pur et simple devraient suffire à entraîner par l'évidence les niais et les *dégriser* si la chose est encore possible, ce qui est tout au moins problématique. Heureusement les hommes s'agitent mais Dieu *les pousse*. Or, Dieu est grand !

Hélas ! il faut tenir surtout compte des ambitions criminelles et intéressées à perpétuer l'agitation pour pêcher en eau trouble. Il faut ne pas perdre de vue chez nous, l'*envie* et la *jalousie* passions dominantes et mauvaises qui affolent, étreignent un peuple égaré, dévoyé ne croyant plus à rien , ni à Dieu, ni au diable depuis qu'il est *éclairé* sur ses droits !... Au travail, par exemple, et autres jongleries des tréteaux républicains. O incommensurable bêtise humaine où nous mèneras-tu ?

Croyez-vous à la conversion même lente des *médiocrités* innombrables, des *déclassés* qui n'ont plus rien à perdre, des *histrions* et des *escrocs* politiques sûrs de trouver éternellement des sots et des dupes en surexcitant leurs convoitises. Ils pourront, toujours avec certitude, compter sur les amours-propres bourgeois redoutant par-dessus tout la *moindre supériorité* de quelque nature qu'elle puisse être, dont les haines venimeuses, irréconciliables et bêtes sacrifieront toujours tout, même le salut public, leur famille, leur fortune, la société tout entière plutôt que de se croire *éclaboussés* par la noblesse et les jésuites en rappelant les Bourbons. Voilà la plaie vive et le mal incurable, extrême danger qu'il faut signaler. Mais le plus grand de tous les dangers c'est la *guerre à Dieu* ! la haine de

Dieu rejaillissant sur tout ce qui croit en Dieu et cette haine là nous honore, et nous en sommes fiers comme des otages, nos martyrs.

Combien trouverez-vous de vaillantes et loyales natures ayant le noble courage de venir carrément se frapper la poitrine et dire bien haut : Séduits, trompés par des sophismes et des illusions, nous reconnaissons, au bord de l'abîme prêt à nous engloutir, que nous avons fait fausse route et que , dans notre égarement, nous avons égaré les simples et la vile multitude; honneur à eux.

Il y plus de joie dans le ciel pour la conversion d'un seul pécheur que pour cent justes. Mais les conversions sont rares, et, oubliant tout le passé, félicitons-les sincérement et de tout cœur.

S'il en était beaucoup ce jour-là, nous serions sauvés, nous n'aurions plus rien à craindre de personne et pas plus du centre gauche ou du farouche Bismark que des *Catilinas* au petit pied, ne voulant pas plus convenir de leurs erreurs que reconnaître le : *Tu as vaincu, Galliléen !* Car, je le répète, c'est la guerre à Dieu que nous soutenons.

Je sais que feu Jacques Laffitte est mort en demandant, trop tard, pardon à Dieu et aux hommes, mais le tour était joué, M. Thiers aidant. Un des Jules, de triste mémoire, versa même d'abondantes larmes sur les sottises qu'il fut assez sot pour dire et surtout pour faire, mais sans réparer par ces pleurs d'avocassier tout le mal qu'il nous a fait aussi; à qui la faute? Un peuple n'a jamais que le sort qu'il mérite, et le sang innocent de Louis XVI nous a porté malheur comme expiation terrible. Que le Dieu des miséricordes ait pitié de nous !...

Je crois être dans le vrai en signalant le diagnostic fidèle de notre état moral bien grave, et suis loin de prendre, comme beaucoup trop de natures candides et honnêtes, des espérances légitimes pour la douteuse réalité pourtant si désirable.

Les enquêtes, les conseils de guerre et les tribunaux ainsi que la presse honnête ont révélé assez de turpitudes, d'infamies et de scélératesses pour qu'il ne fût plus possible à un homme sérieux d'hésiter, d'avoir le moindre doute sur ce que doit fatalement entraîner chez nous la république, et pourtant il y a toujours des répucains. C'est étrange, mais que répondre à ce raisonnement ? Hélas c'est devenu un métier, et très-profitable.

Ceux-là ont la foi robuste du *fanatisme* ; il est donc de la dernière évidence qu'ils sont dans l'impénitence finale ; et que Dieu veuille, dans sa miséricorde, nous éviter de nouveaux malheurs assez grands pour les éclairer , car leur conversion coûterait trop cher. Après tout ils n'en valent pas la peine.

II

Ce qui chez nous, en vérité, renverse, c'est notre futilité, le manque de jugement et de sens moral pour raisonner, juger et comparer ce qui se passe en France, avec la tranquillité et le sort paisible, la prospérité des Etats qui nous entourent et voir alors où la révolution désastreuse a mis la race latine. C'est plus vite fait d'en accuser le catholicisme, les cléricaux et la *réaction* !

Il n'est pas besoin d'être *financier* pour supputer tout

le sang et l'or gaspillés si déplorablement chez nous, on peut dire criminellement, depuis les immortels principes. Et cependant, nous voyons à nos portes notre implacable ennemie *démesurément agrandie* comme puissance et pourtant sans impérissable révolution !... Tout au contraire, mais bien grâce à l'esprit de suite de ses princes de sa *monarchie*, qui n'avait point à lutter contre de perpétuelles émeutes comme nous, et qui sait les écraser.

Ce qu'on appelait l'*ours du Nord* en beau style du libéralisme, S. M. l'empereur de Russie, Alexandre II, a librement, *proprio motu*, sans y être forcé, le 3 mars 1861, aboli par un simple ukase le servage dans son vaste empire, modifié le code militaire, supprimé le *knout* et fait des réformes sages, pacifiques, lentes, sans barricades, ni bouleversements, comme nous toujours. Le *grand Turc*, le plus absolu des potentats, fait aussi réformes sur réformes, et entre autres n'étrangle plus ses visirs.

Son altesse le *Khédive* est un prince éclairé à la protection duquel le progrès devra le canal de Suez; il ne veut plus du monopole commercial et ne laisse plus même bâtonner ses fellahs! La monarchie n'est donc point inséparable de l'*inquisition*, etc., etc. On peut, dès lors sagement, lentement progresser sans guillotine, otages, noyades, échafaud, pétrole, Convention, Commune, glorieuses journées et compagnie, sous un roi religieux, honnête et en monarchie paternelle, constitutionnelle, mais *héréditaire et légitime !* Sans être forcé de revenir à l'ancien régime et à la féodalité, etc., etc. Bien plus, impossible de nier que l'aristocratique Angleterre elle-même a, malgré le *droit d'aînesse*, beaucoup

plus de libertés que nous et surtout pas de *conscription !*
ce lourd impôt du sang. Or, pour le pauvre monde, c'est
bien quelque chose, n'en déplaise à 89, qui nous en a
gratifié, DEUS. NOBIS HÆCOTIA FECIT.

De même, sans la loi révolutionnaire d'*expropriation*
pour cause d'utilité publique, détruisant la propriété, loi
dont le plus mince ingénieur peut abuser pour vous vexer
tout à loisir, l'Angleterre, grâce à sa noblesse riche,
puissante et intelligente des véritables intérêts du pays,
eut des chemins de fer bien avant nous. Ils sont beaucoup
moins chers que les nôtres et, comme pour les usines, elle
en a infiniment plus que nous ; ils traversent les parcs
seigneuriaux de ses nobles lords, qu'il n'est point nécessaire d'exproprier. Il est vrai que, plus intelligent que
le nôtre, ce peuple sensé ne guillotine, ne vole et ne
pille pas sa noblesse, dont il est fier, mais qu'il respecte, vénère, comme une de ses gloires, au lieu de
l'insulter.

Combien nous eussions été plus heureux si, avant
d'être assassiné, l'infortuné Louis XVI eût eu le temps
de *réformer* paisiblement ce que tout le monde et surtout la noblesse (c'est de l'histoire) était d'accord pour
réformer. A quel degré de puissance ne serions nous pas
arrivés sans la révolution ?... Et même combien nous
serions bientôt encore heureux, riches et redoutables à
nos ennemis si nous étions sages, *unis* surtout, et si
nous n'avions pas les jaloux, les ambitieux et les tribuns.
Mais nous avons eu le grand historien des gloires révolutionnaires et les dynasties de 48 et du 4 septembre, etc.
Le seul vrai et unique moyen possible de nous débarrasser de ces vampires serait de forcer ces malfaisantes na-

tures à rentrer chez eux ou sous terre, à ne plus *balcon-
ner* ou écrivasser perfidement, en un mot à se taire et
nous laisser en paix bander, cicatriser nos blessures
cruelles que nous leur devons uniquement ; mais les im-
béciles et les sots ne s'en doutent pas même, et il y en a
tant.

Chacun a son système en poche ou sa constitution
suivant son tempérament, et moi aussi, *Eureka* ! J'ai
trouvé le moyen de mettre chacun à sa place, la pana-
cée universelle pour *nous aider* à mettre à la raison les
bavards et les intrigants, leur ôter, et c'est bien simple,
tout prétexte à rugir, à aboyer, et mentir ou calomnier,
en un mot, leur écraser la plume dans les doigts et leur
fermer à jamais la bouche.

Je ne demande point pour ma découverte de récom-
pense nationale, ni même de brevet d'invention, car
déjà je serais plus que récompensé par un tel service
rendu aux honnêtes gens et surtout par le bonheur
d'être débarrassé de ces gens là, pouah !...

Je vois d'ici l'impatience du bon lecteur impatienté de
ce long préambule, et pourtant indispensable, avide de
connaître mon puissant spécifique, mais hochant la tête,
car, depuis 80 ans de révolutions, on lui en a tant pro-
mis de remèdes infaillibles qu'il devient sceptique en fait
de constitution, de repos et de guérison. Je suis étonné
d'être le premier, du moins à ma connaissance, venant
dire, non pas : Prenez mon ours ! Oh ! non, mais ayant
l'assez singulière prétention d'arriver à concillier tout à
la fois et le désir bien légitime de *conserver nos têtes*,
ainsi que ce qui nous reste des biens terrestres (pour
ceux qui possèdent), avec le *fétichisme républicain* dé-

cidé à l'adoration quand même de la sanglante idole démocratique jusqu'à complet haulocauste, ce qui ne va pas à tout le monde.

Mais patience, et suivez jusqu'au bout mon raisonnement, savoir : que si *l'infâme réaction*, blasée sur le perpétuel bouleversement systématique et périodique, éprouve finalement le besoin d'en revenir au principe de stabilité, de leur côté les doctrinaires endurcis du centre gauche, comme la *voyoucratie* et les scélérats qui dépasseraient la *Convention* si nous laissions *l'essai loyal* nous ramener droit au couperet, rendent désormais tout compromis impossible. Il faudrait inévitablement qu'un parti écrase l'autre, et c'est dur. Les honnêtes gens s'obstinent à vouloir se défendre parce qu'ils savent bien que les autres persisteront dans leur aveuglement de niaise république soi-disant conservatrice, impossible, et que les gredins qui n'ont rien à perdre ne désarmeront jamais avant d'avoir joué leur va-tout; c'est clair.

Il y a plus de danger peut-être du côté des orgueilleux *pharisiens* incorrigibles que n'en présentent les buveurs de sang eux-mêmes. Je dois appuyer mon dire, par ce qui vient de se passer dans le premier département, — par lettre alphabétique seulement — l'Ain, beau pays tranquille et paisible, où les rouges ne dominent pas encore, grâce à Dieu.

III

Notre illustre président du Conseil général, député, *grand financier !* probablement décoré, a cru devoir éprouver le besoin d'ouvrir la session, le 19 août dernier, par une tartine centre gauche aussi maladroite qu'agressive et blessante, exaltée par les uns et solidement retorquée par ceux qu'elle insultait gratuitement, et dont les *rétorquations* virulentes ne laissent rien à désirer ; il a du plomb dans l'aile. Un journal du crû, écho fidèle de la libre-pensée, des *Débats*, du *Temps*, de l'*Indépendance belge* et du *Journal de Genève*, etc., avait habilement enchassé le boniment *ad usum electoris* dans les perles démocratiques de la réclame du citoyen Littré, au *Phare de la Loire*, dont la ritournelle était fortement accentuée ; il n'y a pas à s'y méprendre.

« Il faut, disait le fils des singes, avant tout, susciter,
« par tous les efforts et moyens possibles, les *sympathies*
« pour le *drapeau tricolore*, qui symbolisera toujours la
« *révolution* avec toutes ses conséquences (merci !).
« Il faut en même temps réveiller toutes les aversions
« (intelligentes ?) contre le DRAPEAU BLANC, qui nous
« MENACE DE L'ANCIEN RÉGIME (horreur !) » Père du drapeau rouge, le tricolore a depuis Sedan perdu de son prestige et sert de trophée à Berlin. C'est aussi anti-patriotique et stupide en ce moment que *prussien*, mais c'est au moins de la franchise, une fois n'est pas coutume. Aussi la feuille du crû de se pâmer et d'appuyer sur la chanterelle : NI BLANCS NI ROUGES, qui est également son thême journalier et sa devise, ce dont une foule de retardataires ont le travers, et je suis du nombre, d'être avec raison profondément blessés, ulcérés même, et il y a de quoi. Nous avons le mauvais goût de voir dans cette équitable comparaison, ni plus ni moins, la plus sanglante et la plus inique des injures imméritées.

C'est *raide* tout de même, sans rime ni raison de se voir, et sans prétextes, motifs ni causes réelles, apparentes ou cachées, assimilé, ni plus ni moins, au rebut de l'espèce humaine, communards, barricadiers, pétrolards ou égorgeurs d'otages !.. et le tout parce qu'on voudrait *sauver* son malheureux pays, qu'on a toujours honnêtement refusé d'abandonner *le droit* de la bonne cause, qu'on a résisté à toutes séductions pour ne jamais *se vendre*, comme tant d'autres le firent avec plus ou moins d'intelligence ; parce qu'on n'a jamais conspiré par ambition ou intérêt, pas même *plébiscité*, ni intrigué pour escamoter honneurs, traitements, places ou décorations, etc. C'est raide.

Mais c'est surtout spirituel et rempli d'à propos en ce moment suprême où les immondes gredins, les chevaliers du drapeau rouge, alliés fidèles des Teutons, ne parlent que revanche et d'arracher le ventre *aux bourgeois*, surtout de leur arracher l'*infâme capital* et d'éventrer tout particulièrement leurs *caisses*.

Ces bons bourgeois du *Constitutionnel*, du *Siècle* et compagnie, qui firent si longtemps manger au peuple, avec délices, du *noble*, du *prêtre* et du *Bourbon*, donc ! comme ils sont étonnés et effarés de voir enfin ce qu'ils récoltent de leur belle semaille *libérâtre* : être actuellement, et c'est logique, la bête noire en évidence et en première ligne de bataille, le gibier maudit du pétrole et de la guillotine. Chacun à son tour.

Bref, le *magnifique* discours (*sic*), comme ses commentaires et les homélies radicales, peuvent se résumer à mots très-peu couverts par ces paroles émouvantes et bien senties : « La monarchie traditionnelle, la légitimité ou

« la *rouge,* c'est tout un, ne valant pas mieux, ce sont
« deux fléaux identiques, dont il faut également se garer
« comme de la peste ou du choléra, gare à la *terreur*
« *blanche et à l'ancien régime* ou la révolution est perdue !

« D'où il appert que leurs satanés partisans sont
« aussi redoutables et dangereux les uns que les autres.
« Ceci bien constaté, attention au commandement, bons
« et ignorants villageois ; soyez sur l'œil et méfiez-vous,
« *on vous trahit* (comme les nobles et les prêtres ont
« dans leurs perversité *trahi votre empereur* !... et
« aussi le nôtre, vous le savez bien, à preuve *le plébis-*
« *cite* !)

« N'écoutez jamais que *nous puritains* du centre
« gauche, ou il vous en cuira de *battre les fossés* de *vos*
« *anciens maîtres* ou d'aller à la *messe* et chercher un
« *billet de confession* entre les gendarmes chargés de
« mettre *deux curés* dans la *mairie* qu'il s'agit de les
« empêcher de vous enlever d'assaut. (Voir à ce propos
« le *magnifique* discours en question aux pièces justificatives.)

« Ne savez-vous pas d'ailleurs que nous sommes *seuls*
« les défenseurs attitrés, les instituteurs vigilants, les
« uniques bienfaiteurs du peuple, grâce à nous, enfin
« arraché à l'abrutissante servitude de la tyrannie *féo-*
« *dalo-cléricalo-bourbonnienne.* Croyez-nous donc les
« yeux fermés, et avant tout maudissez sur l'étiquette
« du sac quiconque oserait insolemment nuire à *nos élec-*
« *tions* ! car nous tenons à vos suffrages *éclairés.* Unis-
« sez-vous indissolublement à nous pour crier à propos
« de bottes envers et contre tous : vive la république !
« et sous aucun prétexte, jamais au grand jamais d'au-

« tres élus que *nous,* ce qui se traduit si éloquemment
« par : Quoi qu'il advienne, NI BLANCS NI ROUGES. Si
« par malheur ils osaient relever la tête, alors pendons
« les tous au même gibet, mais les blancs les premiers,
« ce qui pourtant ne saurait, fils de Voltaire, nous em-
« pêcher et dans votre intérêt, de nous rallier au besoin
« comme un illustre vieillard à l'illustre Gambetta et
« aux siens, pour mieux écraser l'infâme, le trône et
« l'autel tout ensemble. » Et voilà !

Il ne m'appartient point de venir ici justifier l'espoir
encore lointain peut-être (nous sommes si spirituels !)
que la grande et heureuse fusion fait naître chez tout ce
qui est désintéressé, de bonne foi et de bon sens. La
divine Providence et la dureté des temps s'en chargent
par nos malheurs mieux qu'on ne saurait le faire ; mais
humble et obscur électeur dans l'Ain, j'ai le droit de
remarquer que, fidèle au mot d'ordre, en vertu du mandat impératif des républicains, *il y va bien,* mon président, député, financier, etc., etc., décidément il mérite
un *bon point* et aussi cette mention honorable : En digne
fils de la Révolution haineuse, il a bien mérité du centre
gauche.

Mais, si me rendant justice je me reconnais son électeur (*bien peu influent* !) ma chétive personne a la fatuité
de se croire le droit, pour sa pénitence et toujours en
vertu du mandat impératif, de sommer mon député si
beau parleur de monter à la tribune au retour des Cham-
bres.

Plaise alors au susdit vouloir bien présenter un tout
petit et bien simple, un modeste projet de loi anodin qui
va suivre. Il est très-lucide et court, rassurez-vous, et

figurez-vous donc que c'est mon grand homme, *le fils de ses œuvres*! qui parle. Soit dit en passant, il y a souvent bien plus *d'orgueil* chez ceux qui crient à tue-tête : je suis fils de mes œuvres, que chez ceux qui se croient plus modestement obligés de continuer à servir le pays tout simplement comme leurs pères !

IV

« Citòyens, ou Messieurs (à lui de choisir et peu nous
« importe), hélas ! trois fois hélas !!! vous ne le savez
« que trop, la réaction, il faut bien les nommer, ces polis-
« sons de monarchistes, d'Henriquinquistes, les volti-
« geurs de Louis XIV enfin, ont le toupet (c'est à se
« voiler la face), en vertu de l'ÉGALITÉ dont nous avons
« le monopole exclusif, prétendent, dis-je, exploiter à
« leur profit la LIBERTÉ des opinions pour tous, en tra-
« vestissant les immortels principes de 89 ! c'est de
« l'outrecuidance et bien osé de leur part. Un mal qui
« répand la terreur, la royauté, pardon, la *tyrannie*,
« qui l'aurait cru? aurait encore de farouches sectaires.
« Ils voudraient, oseraient, et à notre époque, nous
« opprimer et *ré-atteler le peuple à la charrue !* Est-ce
« assez fort? lorsque nous autres *purs* voulons et en-
« tendons tout au contraire les bâillonner, pour les
« *condamner à perpétuité* entendez-moi bien, à la républi-
« que. » (Frénétiques trépignements, hurlements de joie,
contorsions à toutes les gauches et cris convulsifs et
éraillés de : Oui ! oui vive la RRRRépublique !

Le citoyen Challemel-Lacour, dit le couperet vivant :
Fusillez-moi tous ces gens-là ! (Bravo ! bravo ! à gauche.)

« Décidément ces encroûtés n'ont *rien oublié*, ni *rien*
« *appris*, puisqu'ils ignorent que nous voulons, enten-
« dons et arrêtons *être au pouvoir*, si bien fait pour
« nos aptitudes : *ministère des finances* (par exemple !),
« ambassades, préfectures et autres solides émoluments
« pour nous, laissant les consulats, les sous-préfectu-
« res, etc., au menu fretin, qu'il est si difficile d'assouvir
« et de contenter. C'est donc pour cela que nous avons
« juré et devons *per fas et nefas* fonder à perpétuité, à
« toujours notre grande, sainte et éternelle république
« *de droit divin*, indiscutable, au-dessus de tout, même
« du soleil, et sans laquelle nous serions conspués, que
« diable !

« Il est donc éternellement impossible de jamais nous
« entendre, et c'est d'ici à peu qu'il faudra bien que les
« uns mangent les autres, ce qui sera, quoi qu'on en
« dise, d'une digestion pouvant être assez laborieuse.
« Mais nous n'y regardons pas de si près, nous autres,
« dont les appétits et les *haines irréconciliables* sont
« aussi larges que nos consciences élastiques. Et puis
« de vils suppôts, des sicaires de la royauté, de l'obs-
« curantisme, les éternels détracteurs du *progrès*. Fi
« donc des légitimistes ! et quelle pitié pourrait inspirer
« la *noire* séquelle des cléricaux ! Il faut bien les écra-
« ser, sous peine d'en revenir à Trestaillon, aux dra-
« gonnades, à la torture ; et vous ne frémissez donc
« pas, comme moi, d'horreur à la seule pensée d'une
« Saint-Barthélemy de *Saint-Hilaires !...* »

La bosse du citoyen Naquet bondit de joie à ces élo-
quentes paroles, et le brave colonel Langlois se tré-
mousse, comme on sait, en applaudissant avec rage.

« Vous comprendrez facilement que sans le grand
« sabre de *l'ordre moral*, malheureusement (toujours,
« hélas !), qui remplace si mal pour nous, depuis le 24
« mai, la plume immortelle, la sublime et grande plume
« de l'illustre homme d'Etat, du grand citoyen éminent,
« de l'historien national des gloires rrrrévolutionnaires,
« car il est bien le fils incarné de la Révolution, sa mère,
« lui, le petit grand homme, *l'unique* sauveur de Paris,
« *l'unique* libérateur du territoire, enfin, le vieillard
« *désintéressé*, vous m'entendez tous ; donc, sans cette
« ingratitude noire et criminelle, nous gênant considéra-
« blement dans nos entournures, inutile de vous dire
« que jamais je ne me serais abaissé, ravalé jusqu'à
« prendre la peine de vous entretenir, bien à contre-
« cœur, certes ! de misérables billevesées pareilles ;
« allons donc ! des puérilités monarchiques en regard du
« monde nouveau, des idées modernes !... Si nous étions
« encore au pinacle, haussant tristement l'épaule, je me
« serais dédaigneusement contenté de proposer l'ordre
« du jour pur et simple et de jeter au panier d'ordures,
« pour les étouffer, ces grotesques prétentions d'en re-
« venir aux perruques de l'ancien régime, qui vraiment
« feraient rire si elles ne nous faisaient pitié, à nous,
« libres-penseurs *centriers* à la vie et à la mort, et que
« rien ne pourra ébranler ou *éclairer* jamais, comme ils
« disent. Quoi qu'il advienne notre siége est fait.

« Mon opinion et celle de mes amis, vous le devinez,
« serait de ne répondre aux insolentes velléités roya-
« listes d'un autre âge que par le cri bien senti et mille
« fois répété de VIVE LA RÉPUBLIQUE ! suivant notre
« démocratique usage.

« Mais le *parti prêtre*, qui veut en revenir à la *con-*
« *grégation* pour dominer le monde, a les doits crochus
« et les bras longs; les électeurs, petit à petit, se gâtent
« et se laissent corrompre pour *s'abstenir* en masse. Ils
« veulent donc quelques ménagements (le Jésuite qui me
« traîne ici est un fléau véritable). Je suis alors bien
« forcé, que voulez-vous, je dois donc me résigner à
« vous signaler que ces maudits hobereaux, les Méro-
« vingiens (est-ce assez drôle et tapé, cela, les Mérovin-
« giens?) s'obstinent, les encroûtés, de plus en plus
« dans une mesquine et insurmontable répulsion, pour
« ne pas dire aversion ou *exécration* (bien coupable)
« contre les délirants, éclatants bienfaits, contre les
« ineffables douceurs, les célestes félicités républicaines,
« pourtant si voluptueuses. (Ces malheureux n'en sont
« pas dignes et ne sentent pas *notre* bonheur.) Ils ne
« rougissent même pas de motiver ces piètres sentiments
« d'horreur par ce qu'ils appellent *tous*, grands ou pe-
« tits (car ils ne sont pas tous, malheureusement, en-
« tachés de titres ou même de la simple particule)
« d'abord la douloureuse et inexorable *logique des faits*
« désastreux qui résultèrent du perpétuel bouleverse-
« ment qui nous ravit, nous autres, et, parbleu! nous
« enchante. Sans cela que serions-nous? I's n'appré-
« cient pas mieux les douceurs et les avantages du sem-
« piternel : Ote-toi de là que je m'y mette. Ils sont
« ramollis au point de nous reprocher encore le sang
« innocent de 93, de 48 et de ce qu'ils appellent la
» Commune. Comme si l'on faisait trois omelettes sans
« casser des œufs. Leur endurcissement réactionnaire
« s'égare jusqu'à prétendre que quatre-vingts ans de

« bousculements n'entassèrent que des ruines, et qu'a-
« près avoir *tout renversé* nous sommes incapables de
« rien édifier qui puisse vivre en dehors de leurs vieux
« principes radoteurs de stabilité et d'ordre. Nous le
« savons bien mieux qu'ils ne peuvent s'en douter, nous
« autres républicains ; mais après ? Pourvu que nous
« agitions, bousculions et renversions *à notre profit*,
« comme notre patron l'illustre Thiers, par exemple,
« que nous importe ? Enfin, citoyens ou messieurs,
« avouez qu'une restauration serait la *revanche de*
« 89 et la mort du *centre gauche*. Donc !... »

(Tonnerre d'applaudissements à faire crouler la salle
et tout le vieux palais du grand roi, dont l'ombre ma-
jestueuse doit bien rire d'une pareille tempête. Cris
mille fois répétés et des mieux sentis : Oui, vive Thiers !
Vive la Révolution ! A bas les rois ! *A bas Dieu !*... Et
Dieu, comme le disait le général de Lamoricière, Dieu,
patient parce qu'il est éternel, retrousse une fois de plus
ses manches.)

« Quoi ! dans leur crétinisme réactionnaire, ne vont-ils
« pas jusqu'à crier sur les toits que le pays se lasse
« (tant pis pour lui) et trouve, à la longue, que nous
« lui coûtons plus que nous ne valons ? Horreur ! Les
« monstres ! On reconnaît bien là le cléricalisme aveu-
« gle. Indubitablement ils complotent le retour du saint-
« office et des bûchers, pour donner un croc-en-jambe
« aux fils de 89, égorger la Révolution bienfaisante et
« nous ramener le bon plaisir et les lettres de cachet,
« rebâtir la Bastille en déboulonnant la colonne de Juil-
« let, ce beau chef-d'œuvre Thiériste. » (Écume géné-
rale et radicale, poings crispés, furibonds et mena-

çants, à gauche.) « Dans mon indignation profonde,
« j'ose à peine continuer pour vous apprendre que,
« sous le fallacieux prétexte, bien misérable de nous
« donner un despote couronné, ils ne se cachent pas
« pour affirmer : que si leur maudit roi légitime, en-
« touré des princes de sa maison, avaient été brave-
« ment au feu, comme Guillaume et ses princes, la na-
« tion entière voulant partager leurs dangers, se fût
« héroïquement levée comme un seul homme, électri-
« sée par ce noble exemple, et que les Prussiens n'au-
« raient pas eu si bon marché des *levées en masse* de
« notre aimable et si prudent dictateur, qui portait, par
« vingt degrés de froid, si crânement ses belles four-
« rures. Ecœuré de leurs ontrecuidantes prétentions,
« j'abrége pour ne pas attrister plus longtemps votre
« patriotisme et ne pas faire effondrer la Bourse!

« Voici qu'ils demandent carrément, audacieusement
« de faire concurremment avec nous et sur telle partie
« du territoire que nous voudrons, quelle audace, quelle
« sotte prétention ! la *triple épreuve simultanée et déci-*
« *sive,* disent-ils, pour eux : 1° de la monarchie dite
« constitutionnelle, modérée, sans droit de *cuissage*
« (nous serions frais alors) paternelle, parlementaire
« et autres rengaînes à leur usage; contre, 2° pour
« nous : de la république *tricolore, conservatrice* d'une
« part sous l'illustre présidence *d'un petit bourgeois* dans
« l'Est, par exemple, et même de celle plus accentuée
« de couleur des nouvelles couches sociales avec, bien
« entendu, le drapeau rouge, présidée dans le Midi si
« l'on veut par un *avocat borgne!* ayant sa capitale
« intelligente et fortunée à son choix dans Carpentras,

« Pezenas, Brive-la-Gaillarde, Carcassonne ou autres
« lieux ». Ici Gambetta sourit, ne regardant plus la
droite d'un trop mauvais œil.

« Pour compléter le système des *comparaisons libres*
« et ce qu'ils ont la naïveté d'appeler le respect des
« consciences et des opinions de leur prochain, qu'ils
« entendent ne pas opprimer (et sont-ils bêtes!), ils disent
« enfin qu'il ne leur déplairait même pas trop non plus
« de donner une île célèbre pour contenter 3° le *Césa-*
« *risme* couronné ou démocratique, comme qui dirait
« de laisser à ces aimables insulaires, lesquels, trois fois,
« j'en conviens, ne nous ont pas précisément porté
« bonheur, toute latitude pour se manger entre eux
« jusqu'au dernier, et ainsi se payer à leur idée soit
« les splendeurs napoléoniennes avec le jeune vainqueur
« de Sarrebruck comme empereur des Corses, ou bien la
« présidence démagogique *du prince rouge*, grand
« guerrier, ma foi, général illustre par ses exploits et
« son courage héroïque célèbre! que la contre-révolu-
« tion baptise : Jérome-Égalité.

« Sur ces trois propositions *inattendues* avouez-le,
« inutile de vous répéter que mon opinion personnelle,
« comme rapporteur, est inébranlable : supprimer net
« toute réaction au nom de la fraternité; en finir avec
« la légitimité tenace et vivace qui nous crée mille em-
« barras, puis, comme je vous l'ai déjà dit, *bâillonner*
« les importuns et plus que jamais rabâcher notre éter-
« nelle chanson de vive la république, cri sublime qui
« répond victorieusement à tout quoi!

« Mais pour terminer avec mon maudit électeur (que
« la république puisse confondre pour ne pas mieux

« dire) voici telle quelle sa motion, je vous la livre, en
« terminant mon préambule par certaines conclusions
« qui me semblent *attérrantes*, car jamais les vertueux
« républicains ne seraient mieux *percés à jour* et plus
« vite *coulés*, sans retour possible après une aussi écla-
« tante constatation comparée, dont ils ne se soucient
« guère et pour cause !

« L'idée saugrenue me semble désastreuse en soule-
« vant une concurrence expérimentale pour nous, démo-
« crates *convaincus*, malgré toute évidence ou raisonne-
« ment. C'est un horrible traquenard pour la civilisa-
« tion moderne, car supposons que leur monarchie après
« tout, qui a glorieusement fait jadis la France *si grande*
« *et si puissante* avant nous, n'en déplaise aux citoyens
« Henri Martin, Quinet, Michelet, etc., si la royauté, en
« prenant *le bon du passé* pour le combiner, le concilier
« avec *le bon du présent*, allait bien marcher, ce qui est
« probable, et rendre ainsi ses sujets *heureux et tran-*
« *quilles;* si les nobles ne mangeaient aucun enfant
« à la croque-au-sel ou allaient ne plus se nourrir exclu-
« sivement des sueurs du peuple. Si les jésuites ne fai-
« saient plus dans leurs caves l'exercice, comme sous
« *l'infâme Restauration!* et si les prêtres se contentaient
« de prier Dieu, que dirions-nous? et si la *féodalité* res-
« tait alors un *rossignol* impossible à leur reprocher, que
« deviendraient nos meilleures armes? Nous serions
« frits. » La gauche comme un seul homme : Vive la
république !

« Songez-y bien, frères et amis, il serait impossible
« de continuer la jolie guerre *généreuse, loyale, honnête,*
« que depuis 1815 nous avons si bien menée; impossi-

« ble de continuer plus longtemps à calomnier sans
« inventer, oh! non ! rien qui puisse jamais valoir et
« remplacer la *dîme*, supprimée du coup à notre actif.
« Mais bon sens et sens commun revenant, il n'y aurait
« plus place pour nous. Si tout au camp royal se passait
« régulièrement, honnêtement ; si l'on ne *volait* plus, si
« les finances s'arrangeaient, si la cour était purement
« honorifique, si tout le monde pouvait arriver à tout,
« si leur roi, qui n'est pas un prétendant, mais un *prin-*
« *cipe,* n'était pas le *roi d'un parti* comme il l'affirme,
« que devenir et que faire alors ? et pensez-vous que
« l'*Est* comme le *Midi*, que rouges et tricolores en pré-
« sence de cet exemple dangereux, contagieux, pour-
« raient se contenter bien longtemps de nous entendre
« aboyer, clabauder et même éternellement crier : Vive
« la république? Allez, tout cela n'est pas drôle à pré-
« voir seulement ; et n'en déplaise aux jalousies ins-
« tinctives, innées des *classes moyennes*, des *bourgeois*
« *envieux*, nos affaires se gâtent; j'en ai peur.

« Notre règne pâlirait même chez nos adeptes les plus
« niais, les plus stupides ; et quel dommage, nous n'au-
« rions plus de prétexte pour mentir, crier, plus matière
« à retourner, envenimer, exploiter les passions les plus
« haineuses et les plus basses. Détournons nos regards
« de cette affreuse perspective et finissons-en. Donc
« voici la chose et plus que jamais : Vive la république ! »

A droite : La quelle? Il y en a autant que de républicains !.....

V

PROJET DE LOI.

« L'Assemblée souveraine est parfaitement maîtresse
« chez elle, reconnaissant en vertu de l'*égalité* que tout
« citoyen a complètement le droit de se mettre le doigt
« dans l'œil ou de se suicider! et sans pour cela que
« son voisin soit obligé d'en faire autant si telle n'est
« point son idée fixe, mais bien le droit de vivre et
« d'administrer en bon père de famille et même de
« vivre en bon chrétien si telle est aussi sa conviction,
« décrète :

« ARTICLE Iᵉʳ. — En vertu de la *liberté*, les Français
« peuvent librement se déclarer : 1° monarchistes ;
« 2° républicains de toutes nuances ou couleurs ; 3° im-
« périalistes, bonapartistes, napoléoniens et autres dé-
« nominations, tout en faisant la réserve formelle, pour
« ces derniers, que cette intéressante famille exotique
« coûta bien cher au pays qui ne l'a pas vu naître, lui
« laissant la *honte* au front et les *désastres* à peu près
« irréparables de trois cruelles invasions consécutives,
« lorsqu'il y en eût eu déjà beaucoup trop d'une. Ceci
« pour simple mémoire : AD PERPETUAM REI MEMORIAM.

« ARTICLE II. — C'est pourquoi, trois commissions
« nommées *ad hoc* vont, pour contenter tout le monde
« et son père — ce qui ne s'était jamais vu jusqu'ici —
« partager au prorata des trois opinions, inégalement
« représentées dans la Chambre, ce qu'ont bien voulu
« nous laisser du vieux sol français nos durs et impla-

« cables vainqueurs ; nos pertes de territoires, de mil-
« liards et de nos enfants retombant entières sur nos
« révolutions. On formera ainsi trois zones qui, divisées
« par leurs principes religieux et politiques, diamétrale-
» ment opposés, n'en resteront pas moins étroitement
« unies pour former désormais la confédération indisso-
« luble des trois Gaules ROYALE, RÉPUBLICAINE et IMPÉ-
« RIALE. Pour le coup on dira : Qui se ressemble s'as-
« semble ! et l'on pourra aussi crier : Vive le roi.

« Après quoi, les mécontents, s'il en reste, (il ne
« peut plus en exister) seraient des rageurs ayant un
« exécrable caractère. Elles ne cesseront donc nulle-
« ment, ces quatre parties, de former *un tout*, disparate
« en apparence seulement, mais compacte et fort, uni
« pour résister en cas d'invasion nouvelle également
« au prorata du patriotisme *bien connu* des trois opinions.
« Il sera ainsi bien facile d'apprécier justement, claire-
« ment et sans subterfuge possible les qualités, les ré-
« sultats ou les vices des trois systèmes en présence.

« ARTICLE III. — Il sera toujours facultatif à chaque
« citoyen, vu l'extrême facilité qu'offrent les chemins
« de fer pour circuler, d'habiter en toute liberté et
« sécurité dans la zone qui lui plaira et d'aller ensuite
« voter librement dans celle de son choix comme domi-
« cile politique, d'après ses convictions et principes,
« mais il est fait *défense absolue,* et sous les peines les
« *plus sévères,* telles que *déportation* pour la première
« fois, *sort des otages* à la moindre récidive, de haran-
« guer dans les banquets ou des *balcons* hors des domi-
« ciles politiques respectifs librement, volontairement
« une fois choisis et bien arrêtés, dans le but avéré de

« *révolutionner* ou *conspirer* sous aucun prétexte autour
« de soi, au profit ou détriment de chacune des trois
« zones.

« Cette pénalité est indispensable pour empêcher
« toute escobarderie abusive, toute perfidie déloyale,
« toute finasserie grossière et cousue de *fil rouge* ou
« *tricolore*. Elle ne pourra être que rendue plus sévère
« en cas de modification et plus rigoureuse, puisque
« désormais la *liberté* ne sera plus un vain mot dérisoire,
« mais au contraire illimitée, sans jongleries, finasse-
« ries ni clabauderies possibles, devant l'évidence, et la
« latitude laissée à un chacun d'être ce qu'il voudra.
« L'Assemblée souveraine profite de la circonstance
« pour, faire observer au peuple, ainsi plus que jamais
« *souverain*, qu'il serait grand temps, après *tant* de
« pitoyables et honteuses comédies, et de tragédies
« *sanglantes* les unes comme les autres, mais toutes
« *ruineuses*, d'essayer enfin de vivre un peu tranquilles.
« ARTICLE IV. — Il est ainsi bien arrêté et décrété
« que nul n'aura jamais ni la prétention criminelle, ni
« le droit prétendu d'intervenir en rien hors du terri-
« toire de ses libres aspirations et dont les libres sujets
« purement volontaires n'auront donc ni dans le présent,
« ni dans l'avenir absolument rien de nature à les vio-
« lenter par la moindre pression ou compression. On
« ne parlera pas plus de la Saint-Barthélemy que de la
« révocation de l'Edit de Nantes, pas même de la bulle
« *Unigenitus* encore moins du *Syllabus*, et en sortant de
« sa zone tout le monde devra se déclarer content et
« s'embrasser frrrrraternellement cette fois-ci ou jamais.»
Paragraphe additionnel,

« En outre, et pour combler la dose complète des
« libertés possibles, il sera perpétuellement accordé
« toutes facultés et facilités ou latitudes désirables pour
« *s'entr'égorger, s'entre-tuer, s'entr'étrangler* fraternelle-
« ment, révolutionnairement, socialement, démocrati-
« .quement même, etc., se *pétroler* au choix, mais uni-
« quement *chez soi* et jamais sur le voisin, qu'il faudra
« *respecter*, sauf, bien entendu, à décamper, filer,
« changer de zone, lever le pied, et par cela même,
« alors changer aussi de *croyances* en faisant *peau neuve*
« basée sur le résultat pratique et final de l'expérience
« des faits et des convictions largement essayées, et
« des conséquences qu'elles doivent entraîner fatale-
« ment dans la pratique expérimentale et décisive. En-
« fin on pourra donc, si faire se peut, gagner au large
« (Gambetta lui-même pourrait de nouveau regagner
« les orangers d'Espagne), se sauver comme on pourra
« si l'on peut échapper, ce qui regarde uniquement les
« intéressés, en un mot à leurs risques et périls, c'est
« bien entendu.

« Avec la forme politique préférée, chaque zone sera
« maîtresse de se donner le culte et la religion qui lui
« fera plaisir, même l'islamisme et le mormonisme avec
« la pluralité des femmes, mais en retour avec *l'obliga-*
« *tion sévère* également de ne jamais *insulter* en rien les
« croyances voisines. Ainsi plus de complaintes sur
« l'Eglise libre dans l'Etat libre (de l'étrangler, de la vo-
« ler et spolier), plus de jésuites ou d'ignorantins à
« dévorer, ou chasser, expulser, mais le droit non con-
« testé *au pèlerinage !* sans danger d'être *assommé* au

« retour. Il est temps que la *liberté* ne soit plus une
« *mystification.*

« Il en sera de même pour l'instruction qui pourra, si
« l'on veut, être aussi contradictoirement *libre* et *reli-*
« *gieuse* ou laïque et obligatoire.

« Et sur ce, confiante en la reconnaissance des géné-
« rations présentes et futures, l'Assemblée souveraine
« prie Dieu qu'il veuille bien les avoir, ces générations,
« en sa sainte garde. »

Telle est, ami lecteur, *mon idée!* j'espère assez *libérale*
au moins neuve; un peu difficile peut-être à faire
accepter au clan des radicaux, aux purs démocrates, au
centre gauche tous exclusifs, despotes comme des dic-
tateurs du 4 septembre! Convenez qu'ils n'auraient plus
alors ni droit ni prétexte à nous rompre éternellement la
tête de leurs ineptes impudences et surtout de *nous la*
couper!... Et qui sait si l'on ne sera forcé, je ne dis
pas de leur couper la tête, mais d'essayer mon projet
pour se débarrasser d'eux honnêtement, d'en venir là un
beau jour? Ce jour là nous verrions des gens bien embar-
rassés pour se *caser* dans les *trois zones* et qui demande-
raient encore la quatrième, celle des *impuissants, des*
peureux, des égoïstes, des eunuques et des neutres.

Je me résume, en finissant, pour dire que les Giron-
dins, dont l'exemple fatal ne saurait profiter à personne,
ont été à la guillotine tout comme le centre gauche *nous*
mène au pétrole! dans son orgueil humain, égalitaire
et son obstination aveugle dont rien ne saurait le
détourner.

Préférez-vous cette plaisanterie du *Figaro?*

ARTICLE UNIQUE.

Le pays serait gouverné :

Le lundi, par la branche aînée (à tout seigneur, tout honneur) ;

Le mardi, par la branche cadette ;

Le mercredi, par les Bonaparte ;

Le jeudi, république modérée :

Le vendredi, république radicale ;

Le samedi — jour du sabbat — la Commune ! (et les Juifs donc ?)

Le dimanche... pas de gouvernement du tout. *L'anarchie*, sans la moindre feuille de vigne, et dans le plus gracieux abandon ! Il en faut pour tous les goûts.....

Château de Chanay, 2 novembre 1873.

PIÈCES JUSTIFICATIVES

L'impartialité me fait une obligation de sauver de l'oubli le *magnifique* discours que voici et les protestations qu'il a soulevées ; SCRIPTA MANENT.

Pièce N° 1.

SENTIMENTALE TARTINE PRÉLIMINAIRE DU *COURRIER DE L'AIN*.

« Le discours de M. Germain qu'on lira plus loin est une *affirmation vigoureuse et précise du sentiment qui semble dominer les populations de l'Ain*. Nous ne dirons pas qu'il rencontrera une *adhésion unanime ;* obtenir ce résultat était impossible; mais il ralliera du moins le plus grand nombre des *hommes éclairés* qui, dans le *naufrage successif de nos institutions politiques*, sont restés attachés à deux intérêts qu'il est, selon eux, également essentiel de sauvegarder : les intérêts de l'ordre et les intérêts de la liberté !

« Au milieu de l'incertitude des esprits et des événements, les trois traits caractéristiques relevés par M. Germain paraissent exactement saisis : le besoin impérieux de l'ordre, *la crainte de faire un pas vers l'ancien régime*, enfin le désir de sortir du provisoire sans entrer dans la dictature.

« C'est fort à propos, ce me semble, que l'orateur a relevé en ce moment ces trois traits saillants de l'opinion du pays. Ses paroles en effet sont de nature à dissiper une des équivoques, un des dangers de la situation. Le pays est las des agitations et des changements politiques; il voudrait être *sûr de son lendemain;* mais s'il était consulté, *ce n'est pas au drapeau blanc* qu'il demanderait *d'abriter ce lendemain* et la révolution parlementaire qui aurait pour but et pour résultat de nous ramener brusquement *en arrière, pourrait être suivie à plus ou moins courte échéance d'une nouvelle et plus terrible commotion.*

« Telle est la préoccupation de bien des esprits éclairés *et sans parti pris.* Elle peut *froisser des convictions respectables,* nous le regrettons; il est utile cependant qu'elle ne soit pas passée sous silence; *et bien que les assemblées départementales doivent borner leurs délibérations aux affaires administratives et économiques, il est bon que la pensée intime du pays s'en dégage et qu'il en soit tenu compte.*

« Nous souhaitons vivement que le sentiment de la réa-
« lité retienne les impatients qui, ne se souciant pas assez
« de l'opinion des populations, voudraient sans tarder res-
« taurer le gouvernement de leur choix et qui, pour attein-
« dre ce but, n'hésiteraient pas à renverser, sans avoir
« consulté la nation, la tente qui nous abrite, au risque de
« nous lancer de nouveau dans les aventures et l'inconnu. »

CONSEIL GÉNÉRAL DE L'AIN.

Séance du 19 août 1873.

Présidence de **M. Henri Germain**, président.

Ouverture de la séance à 3 h. 1/4.

M. le Préfet assiste à la séance.

M. le Président prend la parole et prononce le discours
suivant :

« Messieurs et chers collègues,

« Appelé par vous, pour la troisième fois, à l'honneur de
présider le Conseil général, je suis heureux de vous assurer de ma reconnaissance pour vos suffrages et de ma bonne
volonté à vous seconder dans vos travaux.

« J'espère être votre interprète en disant que **M.** Rousseau, notre ancien préfet, a laissé parmi nous un bon souvenir. Pendant plus de deux ans, nous avons pu apprécier
son esprit modéré et conciliant. Sachant rester étranger aux
coteries qui divisent notre pays et aux passions qu'elles ex-
ploitent, il réservait son temps pour l'expédition des affaires, convaincu que dans notre département il n'est pas de
meilleure politique qu'une bonne administration. Aussi faut-
il convenir qu'il *n'avait montré aucun zèle pour la restauration de ce qu'on est convenu d'appeler aujourd'hui l'ordre
moral et de ce qu'on désignait autrefois sous le nom d'ordre monarchique*. Il était entré dans les fonctions publiques
au lendemain d'une crise politique. On pouvait dès lors craindre qu'il nous fût enlevé au moment où il nous a quittés.

« Et maintenant, monsieur le Préfet, ceux qui n'ont pas
oublié votre prédécesseur n'hésitent pas à vous souhaiter la
bienvenue. Permettez-nous, afin de rendre cette déclaration

moins banale, de parler un peu de vous et de notre départe-
tement.

« Vous êtes arrivé au poste que vous occupez après plus
de vingt ans de services rendus dans la carrière adminis-
trative ; vous êtes le fils de vos œuvres et de votre mérite ;
vous ne devez rien ni aux révolutions que vous avez tra-
versées, ni aux gouvernements que vous avez servis ; le
travail et le temps ont été vos seuls protecteurs ; je voudrais
qu'il y eût un plus grand nombre de fonctionnaires parvenus
comme vous ; les révolutions compteraient moins de partisans, les gouvernements moins de flatteurs, les administra-
tions plus d'hommes capables.

« Hier vous regrettiez qu'à peine installé de la veille, il
vous fût impossible de connaître encore vos nouveaux ad-
ministrés et vous nous demandiez notre concours. Je viens
répondre à votre appel en vous communiquant ce que je sais
du département de l'Ain.

« Trois sentiments se sont emparés à cette heure de l'esprit de nos populations : d'abord la crainte du désordre en
voyant réussir aux élections des candidatures qui paraissent
un défi jeté à la société ; puis une profonde inquiétude en
entendant parler de faire un pas vers *l'ancien régime*, enfin
l'ardent désir de sortir au plus tôt d'un provisoire énervant.

« Qui pourrait s'étonner de voir nos paysans saisis de
terreur en songeant à une nouvelle révolution ? — Pourquoi désireraient-ils *un bouleversement ?* — Ils n'ont rien à
en espérer, *ils ont tout à en redouter*. Ils n'ont à demander
au pouvoir que de les laisser bien administrer leur commune ; *ils laissent à d'autres le soin de chercher une nouvelle organisation*, où, avec *moins de travail, on s'enrichit
d'avantage*. Ils ont, eux, depuis longtemps trouvé une formule pour arriver à l'aisance ou à la fortune ; elle est bien
simple, la voici : *Travailler sans cesse, beaucoup économi-*

ser. Leur secret n'est pas difficile à surprendre, mais il est rude de le mettre en pratique. Ils n'ignorent pas, du reste, que leurs sueurs, pour être plus fécondes, ont besoin de la *science et de la justice :* aussi bénissent-ils l'école et la *société moderne*; ils demandent avant tout au gouvernement *la sécurité* et ils en ont besoin pour continuer leurs travaux et conserver intacts les fruits de leur labeur.

« Après la passion de l'ordre', on trouve chez eux la *crainte de faire un pas vers l'ancien régime;* et s'ils ont horreur du drapeau rouge, ils *ont peur du drapeau blanc.* Nos cultivateurs ont gardé un *mauvais souvenir* d'un temps où ils avaient une bien faible part de la *propriété du sol qu'ils cultivaient* et *de l'administration de la commune.* Aujourd'hui ils veulent continuer à agrandir leur domaine et, *pleins de respect pour le prêtre dans son Eglise, ils entendent rester maîtres de la Mairie.* Et puis, est-ce bien leur faute, si trop souvent depuis 80 ans ils ont trouvé parmi *les adversaires des institutions modernes,* à l'ombre desquels *ils ont tant grandi, ceux-là mêmes qui en ce moment aspirent à les gouverner. Oui, pour notre malheur, les fils de l'ancien régime et les fils de* 89 ne sont encore confondus que dans les rangs de notre vaillante armée : il est temps qu'ils combattent ensemble *ailleurs que sur le champ de bataille. Alors, mais alors seulement,* les préventions tomberont de part et d'autre. Jusque là, pour comprendre *les passions que réveille chez les uns le souvenir de l'ancien régime,* il suffit de savoir celles que suscite chez les autres *le souvenir de la Révolution.*

« Enfin, il tarde à tous de *sortir d'un régime sans lendemain :* la population de l'Ain ne comprend pas *qu'on puisse chaque jour changer les institutions de la France et le chef de son gouvernement.* Il faut, pour travailler aujourd'hui, pouvoir *compter sur l'avenir.* Notre département *avait ac-*

cepté M. Thiers, il lui savait gré de n'avoir pas désespéré de la France, d'avoir aidé à sa libération et à la réorganisation de son armée ; aujourd'hui qu'il n'est plus au pouvoir, *il n'a pas oublié ses services.* Ce souvenir du passé ne l'empêche pas d'avoir confiance dans le nouveau président de la république, mais il voudrait être sûr qu'on ne pourra pas à chaque instant proclamer un autre gouvernement. Eh bien, soyez convaincu que si notre département était appelé à se prononcer *entre le drapeau de Frohsdorff et le drapeau de Magenta, il acclamerait à une immense majorité* le maréchal de Mac-Mahon, président de la République.

« En voilà assez et *peut-être beaucoup trop* pour vous dépeindre nos populations. Vous les connaîtrez bientôt mieux que nous. *Le Conseil général, heureusement pour lui, n'a pas à s'occuper des institutions de la France.* Sa tâche exclusive, comme vous le disiez si bien, Monsieur le Préfet, se borne à bien gérer les intérêts du département. Sur ce terrain, nous sommes unanimes, nous avons le même but et le même drapeau. »

Pièce N° 2.

On lit dans la *Décentralisation.*
Nous recevons cette lettre :

« Bourg, 23 août 1873.

« Monsieur le rédacteur,

« M. Germain, président du Conseil général de l'Ain, vient, en séance publique, de prononcer un discours qui a soulevé bien des protestations dans le public. Fort embarrassé pour répondre aux loyales paroles du Préfet, craignant également d'en trop dire et d'être accusé de faiblesse par ses amis de la gauche, notre orateur financier a dû travailler de longues heures au factum que publient les journaux.

« Les pensées les plus opposées, les plus confuses, les aspirations les plus contradictoires s'y heurtent et s'y mêlent à des phrases puisées et copiées dans les journaux de la démagogie la plus avancée.

« Écoutez plutôt :

« Le département de l'Ain, dit l'orateur, a la passion de « l'ordre, il a horreur des révolutions et il tarde à chacun « de sortir d'un régime sans lendemain ; la population « ne comprend pas qu'on puisse chaque jour changer les « institutions de la France et le chef de son gouvernement. « Il faut pour travailler, aujourd'hui, pouvoir compter sur « l'avenir. Et pourquoi nos paysans désireraient-ils un bou-« leversement ? Ils n'ont rien à en espérer ; ils ne deman-« dent au pouvoir que de les laisser bien administrer leur « commune et ils laissent à d'autres le soin de chercher une « nouvelle organisation. »

« Voilà, où je ne m'y connais pas, un programme royaliste; comme M. Germain et comme les populations de l'Ain, les partisans de la monarchie ont horreur des révolutions ; ils veulent pouvoir compter sur l'avenir ; il leur tarde de sortir d'un régime sans lendemain, et ils ne comprennent pas qu'on puisse, chaque jour, changer les institutions de la France et le chef de son gouvernement.

« Il semble impossible de faire une critique plus juste de la forme républicaine mise à la merci des caprices du suffrage universel ; mais telle n'a pas été la pensée du président du conseil général ; les contrastes choquants semblent ne point lui déplaire, et la logique ne le gêne pas.

« Il vient de prouver que les populations de l'Ain sont royalistes, et il ajoute :

« Le département avait accepté M. Thiers, il lui savait « gré de n'avoir pas désespéré de la France, et il n'a pas

« oublié ses services. Le souvenir du passé ne l'empêche
« pas d'avoir confiance dans le nouveau président de la
« République ; mais il voudrait être sûr qu'à chaque instan^t
« on ne pourra proclamer un nouveau gouvernement.

« Eh bien ! soyez convaincu que si notre département
« avait à choisir entre le drapeau de Frohsdorff et le drapeau
« de Magenta, il acclamerait à une immense majorité le ma-
« réchal de Mac-Mahon, président de la république. »

« A force d'alambiquer sa pensée, M. Germain arrive à
être on ne peut moins clair. Son raisonnement est celui-ci :
Le pays est monarchiste, il faut, en conséquence, proclamer la république ; et, comme il met en parallèle les deux
formes de gouvernement, il a bien soin de ne parler que de
deux drapeaux, celui de Frohsdorff et de Magenta ; après
quoi il ajoute triomphalement : Entre les deux, le département choisirait un... homme, le maréchal de Mac-Mahon.

« Je ne dis rien de la bonne foi avec laquelle il désigne
les deux drapeaux. Le premier n'est-il pas celui qui a fait
la France grande et glorieuse, et qui lui a donné l'Alsace, la
Lorraine et l'Algérie ? Le second n'est-il pas celui des trois invasions, celui qui nous a laissé reprendre les provinces que
nous avait données le premier ? celui enfin qu'on trouve à
profusion dans toutes les capitales de l'Allemagne ? Pourquoi, dès lors, si la haine de tout ce qui rappelle les gloires
de la France ne l'aveuglait, n'aurait-il pas mis le drapeau de
la vieille France en face de celui de Sedan ?

« Mais passons ; nous sommes habitués aux injustices et
à la mauvaise foi politique. Après avoir fait la partie belle à
la Monarchie et encensé la république, M. Germain n'aurait
eu garde d'oublier les libres-penseurs et les radicaux, ses
amis :

« Les paysans, dit-il, n'ignorent pas, du reste, que leurs
« sueurs pour être plus fécondes ont besoin de la science

« et de la justice ; aussi bénissent-ils l'école et la société
« moderne... »

« Et plus loin :

« ... Ils veulent continuer à agrandir leur domaine, et,
« pleins de respect pour le prêtre *dans son église*, ils enten-
« dent rester maîtres de la mairie. »

« Le nom de Dieu aurait écorché la bouche du philosophe
financier ; aussi la science suffit-elle, d'après lui, pour
féconder les sueurs du cultivateur. C'est elle qui dirige à
son gré les gelées, les grêles et autres fléaux, c'est elle
qui nous donne les sécheresses et les pluies continues !

« S'il en est ainsi, il faut avouer que cette science, si
nécessaire à la réussite des récoltes, est encore bien pauvre,
car, plus que jamais nos récoltes sont éprouvées par des
fléaux de toute sorte. Les électeurs du département seraient
bien reconnaissants à **M.** Germain s'il voulait leur donner la
recette qui, grâce à la science et à la société moderne, fécon-
dera leurs sueurs.

« Et ces prêtres qu'on ne respecte que dans leurs églises,
et qui ont l'intention de s'emparer des mairies et d'empêcher
au paysan d'agrandir son domaine ! Est-ce bien réussi? Où
diable **M.** Germain, qui passe pour intelligent et instruit, a-t-
il été puiser ces idées?

« Il a dû prendre pour instituteurs les enfants rouges qui
rédigent le *Progrès de l'Ain*, et voyez comme il a bien pro-
fité de leurs leçons : **M.** Rousseau, dit-il, était un parfait
administrateur ; aussi faut-il convenir qu'il n'avait montré
aucun zèle pour la restauration de ce qu'on est convenu
d'appeler aujourd'hui l'ordre moral et ce qu'on désignait autrefois sous le nom d'ordre monarchique.

« A coup sûr le *Progrès* n'aurait pas mieux dit. **M.** Rousseau était d'autant plus parfait administrateur qu'il négligeait
plus l'ordre moral pour donner tous ses soins à l'ordre

républicain ! Celui-là, chacun le connaît ; il n'a pas besoin de définition.

« M. Rousseau a été remplacé dans son poste par un administrateur plus digne ; chacun peut maintenant savoir pourquoi ; M. Germain, qui dit tout le contraire de ce qu'il veut dire, vient de justifier en peu de mots cette mesure de conservation sociale.

« Et maintenant on peut tirer l'échelle ; M. Germain, qui se proclame l'homme de la loi, dit que le conseil général n'a pas à s'occuper des institutions de la France, et, toujours conséquent avec lui-même, il ne parle que de cela. Faisant allusion à une restauration monarchique, il cherche à fausser le jugement de ses électeurs en leur faisant une peinture fantaisiste de l'ancien régime, dont il n'est question nulle part, absolument comme s'il s'agissait de remonter le cours des siècles.

« La réfutation des lieux communs qu'il a débités a été suffisamment faite pour qu'il n'y ait plus que les ignorants ou les hommes de mauvaise foi qui puissent tenir un pareil langage.

« L'ignorant devrait comprendre que souvent le silence est d'or, et l'ambitieux savoir que la mauvaise foi se retourne toujours contre celui qui en fait usage.

« On assure que M. Germain attache le plus grand prix à la députation de l'Ain, il n'y est pas arrivé sans peine et il est, dit-on, disposé à multiplier ses efforts pour conserver sa position.

« Je me permets de lui dire qu'en ce moment il fait fausse route ; le jour n'est pas loin où le pays fera justice des sophismes et des phrases creuses, et où la vérité se fera jour. Déjà ses amis de l'Extrême-Gauche ont demandé la liberté comme sous la Restauration; si Dieu permet une seconde Restauration, comme j'en ai la conviction, le Prince

qui veut le suffrage universel *honnétement pratiqué* donnera
à la France la liberté basée sur le respect des lois, que trois
fois dans un siècle la république arbritairement imposée lui
a enlevée.

> « *Un cultivateur royaliste, ami de la
> sincérité et comptant plus sur Dieu
> que sur la science pour éloigner
> les fléaux qui détruisent ses ré-
> coltes.*
>
> « X. »

Piéce N° 3.

On lit dans l'*Abeille* de Nantua de septembre 1873.

Nous reproduisons à titre de renseignements, — puis
aussi pour faire pendant au *magnifique* discours qu'a prononcé M. Germain, député de l'Ain, à l'ouverture de la dernière session de notre Conseil général, dont il est l'honorable et digne président, les deux pièces suivantes, extraites
du *Journal de l'Ain*, qui, entre parenthèses, ne les a
publiées qu'avec une réserve marquée.

*A Monsieur Germain, député de l'Ain, président du
Conseil général.*

Monsieur,

« Le manifeste politique prononcé par vous à l'ouverture
du Conseil général ne dissipera aucune prévention. Vous y
faussez l'histoire et prêtez à un parti honorable des idées
que vous savez n'être pas les siennes. Ceci n'est digne ni
de votre talent, ni de votre position élevée.

« Le souvenir de la Révolution suscite nos passions, dites-
vous. Et pourquoi? Est-ce parce que nous avons été dépouil-

lés de prétendus priviléges? Non. Est-ce parce qu'on a guilloliné nos pères et volé leurs biens? Non encore. La France est abaissée, ruinée, deshonorée par la Révolution : voilà ce qui suscite nos passions.

« Ils ont certes bien acquis le droit de haïr la Révolution, ces fils de l'ancien régime qui mouraient sur les champs de bataille pendant que les beaux fils de 89 s'emparaient des préfectures ou filaient sur Genève ! Mais laissons ces souvenirs glorieux pour les uns, honteux pour les autres, tristes pour tous.

« Il est temps que nous combattions ensemble ailleurs que sur les champs de bataille. Je le veux bien. Mais quel est donc ce nouveau terrain sur lequel nous deviendrons amis?

« Est-ce le terrain de l'administration communale et départementale? Nous ne l'avons point déserté, ce sont vos amis de la nouvelle couche qui nous en ont chassés. Est-ce le terrain politique? Essayons de nous entendre ; et d'abord lisez notre programme :

« Exclusion de l'arbitraire; le règne et le respect des lois; l'honnêteté et le droit partout; le pays sincèrement représenté votant l'impôt et concourant à la confection des lois: les dépenses sincèrement contrôlées ; la propriété, la liberté individuelle et religieuse inviolable et sacrée ; l'administration départementale et communale sagement et progressivement décentralisée ; le libre accès de tous aux honneurs et aux avantages sociaux; pleine liberté de l'Eglise dans les choses spirituelles ; indépendance souveraine de l'Etat dans les choses temporelles : parfait accord de l'une et de l'autre dans les choses mixtes; suffrage universel honnêtement pratiqué.

« Ce programme de Frohsdorff n'est-il point assez libéral? Y trouvez-vous rien qui gêne vos aspirations de fils de 89 ?

« Ne dites donc pas que nous sommes les adversaires des institutions modernes et que nous aspirons à gouverner la France. Laissez à d'autres ces banales accusations.

« Mais ce n'est point là, Monsieur, ce qui nous sépare. Entre vous et nous il y a l'ordre moral que vous raillez dans vos discours, après l'avoir ébranlé par vos votes à la Chambre. Ici n'attendez pas de concessions. Ordre moral, grandeur de la France, pour nous c'est tout un.

« Nos paysans, je les connais mieux que vous, parce que je vis au milieu d'eux.

« Ils ont horreur du drapeau rouge, et redoutent, dites-vous, ces candidatures qui paraissent un défi jeté à la société. Pourquoi donc vos agents propageaient-ils naguère la candidature anti-sociale d'Edgard Quinet ?

« Ils ont peur du drapeau blanc, ajoutez-vous, peut-être bientôt, s'il plaît à Dieu, l'ordre moral sera rétabli en France. Ce jour-là, je vous le jure, il n'auront plus peur.

« Agréez, Monsieur, l'assurance de ma considération distinguée.

« La Rouge, 24 août 1873.

« Paul de la CHAPELLE. »

A Monsieur Paul de La Chapelle.

« Monsieur et cher compatriote,

« Nous venons de lire avec la plus vive satisfaction votre lettre si loyale, si ferme et si judicieuse à M. Germain, en réponse au manifeste politique dans lequel ce député s'est arrogé le droit de parler au nom du département.

« Il n'appartient à personne de prendre ce rôle, et ce droit appartient encore moins à un étranger au département, qui naguère y fondait sa carrière politique sous l'égide d'une alliance et le patronage d'une famille dévouée à l'Empire.

« Si la fortune permet au nouveau républicain de prodiguer des largesses, hélas ! trop puissantes sous le règne du suffrage universel, ce ne fut jamais et encore moins de nos jours un titre, quand il est isolé, à se poser en interprète de l'opinion publique. Grâce à Dieu, si dans des moments de perturbations, nos populations se laissent aller à certaines faiblesses, elles se relèvent bien vite et font justice soit des orateurs de carrefours et des écrivains d'estaminet, soit aussi de ces hommes politiques qui, se riant de l'*ordre moral*, sont impuissants à nous donner l'*ordre républicain*.

« Que M. Germain veuille donc se contenter d'être une des sommités de l'*ordre financier*.

« Veuillez, recevoir, monsieur et cher compatriote, mon adhésion complète à votre belle et noble lettre, et celle de mes nombreux voisins dont je ne suis que l'interprète.

« Votre bien dévoué,

« Comte Douglas.

« Montréal, 29 août 1873. »

M. Germain répondra-t-il à la critique ? Ses amis disent non. Cependant une discussion loyale et sincère serait peut-être utile, — une discussion de l'épître de M. de La Chapelle, entendons-nous ; — quant à l'*oremus* qui l'accompagne c'est une autre affaire. Si l'on doit assister à l'office on peut très-bien s'abstenir du chapelet, surtout lorsqu'il est mal égrené.   A. A.

Pièce N° 4.

Toujours du *Courrier de l'Ain.*
A M. Germain, président du Conseil général de l'Ain.

« Monsieur le Président,

« Les soussignés, vos collègues, viennent vous remercier des bonnes et fermes paroles que vous avez prononcées à la séance du Conseil général du 19 août. Vous avez très-bien exprimé les sentiments du pays et le besoin exprimé par lui de trouver dans l'établissement définitif d'un régime qui ne saurait être autre que le régime républicain, la fin d'un provisoire énervant.

« Oui, la France veut garder les franchises que nos pères ont conquises à travers tant de douleurs et d'épreuves. L'ancien régime a eu ses jours de gloire ; mais il n'est plus aujourd'hui qu'un souvenir ; et son drapeau, qui veut dire des priviléges, ne peut abriter les institutions d'un peuple mûr pour la liberté.

« Que nous importent, qu'importent à nos braves labourreurs les convoitises fusionnées ou non qu'ont fait naître chez les *fils de nos anciens maîtres* nos malheurs et notre affaiblissement passager ?

« La France n'appartient à personne, et elle prouvera au jour, qui ne saurait être éloigné, où elle sera consultée, qu'elle est toujours la France émancipée de 1789.

« Recevez, Monsieur le Président, l'assurance de nos sentiments affectueux et dévoués.

Bourg. le 25 août 1873.

« BONNET, BOUVIER, BRAQUY, CHALEY, CHANAL, DAVID, DUCHER, DUPUY, GIGUET, GROS-GURIN, GUILLOT, MARION, MERCIER, MORELLET, PARISET, POCHET, REYDELLET. »

Superbe : les *fils de nos anciens maîtres* ! C'est après ce bon mot-là qu'il faut tirer l'échelle... Fort, très-fort, sublime !

·Pièce N° 5.

Nous trouvons dans le *Courrier de l'Ain* la lettre suivante adressée la veille à M. Henri Germain, président du Conseil général de l'Ain.

« Monsieur le Président,

« Persuadés qu'en l'état de nos divisions politiques, parmi les diverses combinaisons cherchées ou tentées pour sortir du provisoire dont souffrent les intérêts confiés à notre sollicitude, le gouvernement républicain, conservateur et libéral, est le seul qui puisse épargner à notre pays de nouveaux malheurs.

« Les soussignés, membres du Conseil général de l'Ain, *déclarent adhérer* aux sentiments que vous avez exprimés en prenant possession du fauteuil de la présidence.

« GUILLON, VICAIRE, MOYRET, JOLY, DUFOUR,
COQUEUGNIOT, BONDET. »

« Bourg, le 27 août 1873. »

Moins fort que *les fils de nos anciens maîtres.*

Pièce N° 6.

On lit dans le *Journal de l'Ain :*

Nous répondons au désir de l'auteur de la lettre suivante en l'insérant dans nos colonnes :

« Monsieur le Directeur du *Journal de l'Ain.*

« Il plaît à M. Bondet et consorts d'apprendre à leurs électeurs, sous forme de lettre à M. Germain, qu'eux aussi ils adhèrent aux sentiments exprimés par leur chef de file en prenant possession du fauteuil de la présidence.

« Ces messieurs n'auraient-ils donc pas été conviés à

signer la première adresse de dix-sept de leurs collègues ? Ou bien auraient-ils surpris dans ce manifeste une ombre de compromission pour leurs idées conservatrices ? Il faut avouer que l'on ne s'explique pas l'opportunité de ces deux lettres, tendant au même but, alors que l'opinion publique a besoin de se recueillir sous le doigt de Dieu qui la mène.

« Qu'il soit passé dans les habitudes de M. Germain de faire, à tout propos, son petit speech politique, au fauteuil comme à la tribune, à table même, et que le goût de certains confrères soit de répondre *amen* à ses brillantes improvisations, c'est l'affaire de ces messieurs, mais ce sera aussi le *devoir des électeurs de leur manifester leur gratitude en temps opportun,* ou tout au moins de leur *répondre de la bonne manière* au terme de leur mandat.

« Pour moi, je n'ai ici particulièrement en vue que M. Bondet.

« Nous l'avions fait notre mandataire au Conseil général pour se préoccuper avant tout de nos affaires, ce qui ne saurait comporter l'abandon des siennes. Si nous avions voulu d'un républicain, nous avions M. Pochon, qui — on doit lui rendre cette justice — affirmait carrément ses opinions, et, après tout, en fait d'administration, nous n'avons pas lieu de le supposer moins capable que M. Bondet, puisque comme lui, il avait débuté dans le notariat, *cette pépinière de la plupart de nos conseils généraux.*

« Si nous avions voulu d'un monarchiste, nous savions encore à qui nous adresser.

« Mais c'est bien parce que M. Bondet n'affichait *aucune prétention politique,* n'agitait aucun brandon de discorde, et que, sous une apparence *d'esprit de conciliation,* il semblait encore nous offrir certaines garanties morales — que, du reste, nous étions en droit d'exiger de lui — c'est pour ces motifs réunis que la plupart des électeurs avaient fait le sacrifice de leurs préférences ou de leurs rêves afin de lui donner le vote qu'il sollicitait du canton de Coligny. Que n'a-t-il donc gardé copie de la circulaire qu'il adressait alors ! En la relisant aujourd'hui, et déjà hier, il aurait vu qu'elle l'engageait à plus de circonspection dans ses actes.

« Mais, vraiment, M. Bondet paraît avoir pris tout autre souci. Il ne s'occupe plus que du soin de proclamer que la République est bien le meilleur des gouvernements. Toutefois, les sympathies spontanées de M. Bondet pour la République, ses avances empressées au sentiment d'un *parti brouillon ou rêveur*, si désintéressées soient-elles, n'ont pas lieu de satisfaire ceux de ses électeurs qui n'avaient pas songé faire de lui un personnage politique. Nous avons tout simplement nommé M. Bondet parce qu'il était enfant du pays et en situation de rendre sur place, comme autrefois son père, de bons et utiles services aux intérêts agricoles du canton.

» Que nos représentants à l'Assemblée nationale, élus en des heures d'angoisses pour relever la France brisée, humiliée, appauvrie, et guérir les plaies profondes de son cœur et de son honneur, aient pris sur eux, au 24 mai, de constituer un Gouvernement qui devait enfin restaurer parmi nous *cet ordre moral, dont il convient à M. Germain de dénaturer l'idée*, ceux-là ne peuvent équitablement leur en contester le devoir, qui, peu de mois auparavant, s'adjugeaient eux-même le droit de proclamer la république.

« La France a pleine confiance dans la loyale épée qui la protége. Mais en se mettant sous sa garde, elle n'a pas entendu abdiquer un droit que personne ne peut lui soustraire : *celui de disposer d'elle-même ! Jamais elle ne s'identifiera avec un principe de corruption et de haine prêt à revêtir toutes les formes et qui voudrait faire table* rase *de vingt siècles* de *croyances et de civilisation* progressive, au plus grand mépris des lois divines et humaines.

« La parole est à la France et l'avenir est à Dieu, » a dit un cœur éminemment français, M. le comte de Chambord.

« La voix de Dieu parlera donc par la voix du peuple, « *vox populi, vox Dei !* » par la voix du peuple réuni dans ses comices et appelé à se prononcer consciencieusement sur ses destinées. Car au peuple seul il appartient de crier : Vive Henri V ! Vive la République ! ou vive l'Empereur Napoléon IV !

« Qu'on laisse donc le peuple libre de consulter qui bon lui semble, et de subir les seuls inspirations de sa conscience et de son cœur !

Mais le rôle de tout Conseil général et de tout président, dans l'Ain , comme partout ailleurs , sa *tâche exclusive*, pour me servir de l'expression même de M. Germain, *se borne*, pour le présent, *à bien gérer les intérêts du département.*

« Qu'il s'y tienne donc.

« Tels sont, en définitive, les sentiments de plusieurs électeurs du canton de Coligny, dont je n'hésite pas à me faire ici le sincère interprète, en réponse à la démarche irréfléchie de M. Bondet, signataire et *peut-être rédacteur* de la lettre du 27 août, provoquée par M. Germain lui-même.

« Cette lettre autorisant celle-ci, je vous serai obligé, Monsieur le Directeur, d'insérer ma longue protestation en entier dans votre plus prochain numéro, et je vous prie d'agréer la nouvelle assurance de mes sentiments les plus distingués.

« Clovis Gancalon

« Coligny, ce dimanche 31 août 1873. »

Pièce N° 7.

On lit dans le *Journal de l'Ain* :

Nous insérons la lettre suivante avec les mêmes réserves faites pour celles que nous avons déjà publiées, et auxquelles celle-ci fait allusion :

« Monsieur le Rédacteur,

« Tout passe qui n'est contredit. » Ce proverbe a failli avoir son application dernièrement pour le discours de M. Germain au Conseil général. Mais la parole de l'orateur n'a pas eu assez d'empire pour commander le silence à tout le monde. M. le président du Conseil départemental vient d'être jugé comme il le méritait, et les deux lettres que vous avez publiées sont l'expression d'une opinion sérieuse et parfaitement respectable.

« Je suis un lecteur sympathique du *Journal de l'Ain* ; si vous le permettez, je me couvrirai de ce titre pour ajouter un humble *confirmatur* à la ferme réplique de vos honorables correspondants.

« Ce n'est pas blesser la vérité de dire que M. Germain n'est pas à même d'apprécier pertinemment l'opinion politique du département. Il peut la connaître par des *on dit* ; mais ce n'est pas là un élément sérieux d'appréciation. S'il vivait au milieu de nos populations agricoles, et qu'il eût sondé leurs pensées intimes, il saurait ces trois choses :

« 1° Que les républicains sincèrement convaincus sont rares dans nos pays.

« 2° Que la plupart des électeurs qui veulent la République n'ont qu'une opinion de seconde main qu'ils acceptent de confiance, par conséquent ils suivent toujours l'opinion du gouvernement qui règne.

« 3° Que tous les honnêtes gens , d'un esprit calme, et qui peuvent soumettre les hommes et les choses au contrôle d'une observation réfléchie, ceux-là sont monarchistes.

« Pas plus tard que le 1ᵉʳ septembre , je voyageais côte à côte avec un bon propriétaire de la campagne que je range dans la dernière catégorie ; c'est un lecteur du *Courrier de 'Ain*, et je note en passant que ce journal lui déplaît singuièrement depuis quelque temps , sans doute depuis sa conversion à la république.

« Presque au début de la conversation, et sans que j'eusse rien dit pour l'amener à faire connaître son opinion, il m'avoua tout net qu'il n'aimait pas le discours de M. Germain Il trouve que l'orateur *ne dit pas vrai*, sans doute quand il signalé la peur de nos populations pour le drapeau blanc ou l'ancien régime ; car il sait fort bien que c'est une peur factice.

« Savez-vous ce qui lui fait horreur à ce brave campagnard ? C'est l'assassinat politique de Louis XVI ; c'est le crime abominable des fils de la Révolution française , qu'il serait bien temps d'appeler anti-française. Il pense, lui, qu'il est bon de relever le trône légitime pour effacer un peu cette date malheureuse et réparer l'outrage du 21 janvier, vraie cause de malédictions pour la France.

« J'avoue , M. le Rédacteur, que je n'ai pu me défendre d'un mouvement de surprise en entendant cette déclaration. Je ne m'attendais pas à un sens si profond chez un simple paysan, et si j'eusse été étranger au département , j'aurais pu prendre mon Bugiste pour un Vendéen.

« Maintenant, voulez-vous connaître l'opinion de deux autres électeurs, appartenant à la même catégorie , mais avec une différence notable de caractère ? Tous deux lisent aussi le *Courrier de l'Ain*, et je les donne comme les représentants d'un sentiment vrai assez répandu dans le pays.

« L'un est un fonctionnaire en activité, homme d'intelligence et plein de modération ; l'autre est un simple propriétaire, sans beaucoup d'instruction, mais d'un esprit ferme et droit et plein de loyauté. Le premier n'a pas déposé toute sympathie pour l'Empire qu'il a honorablement servi ; le dernier est homme à rendre justice à qui de droit ; on peut dire que tous deux aiment l'indépendance dans les opinions.

« Dernièrement, le fonctionnaire dînait chez le propriétaire : c'était au lendemain de la fusion. La conversation ayant tourné à la politique : « Il paraît, dit le visiteur à son « hôte, que l'Assemblée nationale songe à nous donner un « roi. Eh bien ! vous saurez que ce n'est pas moi qui m'y « opposerai. — Ni moi non plus, répond le maître de la « maison ; je ne lui barrerai pas le chemin. » Il y avait là d'autres convives, officiers de la municipalité, qui certainement n'ont pas contredit une telle déclaration.

« Tout cela, Monsieur le Rédacteur, prouve que nos populations aimeraient à sortir du *provisoire énervant* par le rétablissement de la monarchie plutôt que par la proclamation définitive de la République.

« Lorsque Monsieur Germain parle de leur « inquiétude profonde » en entendant parler du retour *à l'ancien régime*, il sait fort bien que cette inquiétude n'est pas justifiée, et il n'ignore nullement que la peur du drapeau blanc tombera, *quand les mensonges de ceux qui n'aiment point la monarchie traditionnelle auront cessé d'entretenir les préjugés de ceux qui ne la connaissent pas.*

« Agréez, Monsieur le Rédacteur, etc.

« François DE LA PAGÈRE. »

« Belley, 4 septembre 1873. »

Pièce N° 8.

Divers extraits de journaux bons à conserver.

CE QUI ATTEND LES BOURGEOIS.

Voici comment s'exprime le *Mirabeau*, journal des sections de la Vallée de Vesdre, au sujet du bourgeois :

« Un bourgeois est celui qui aspire à gouverner ses concitoyens pour vivre à leurs dépens au moyen de l'impôt, du loyer, du fermage, du prêt à intérêt et du salariat.

« Ce bourgeois-là doit disparaître complètement. Il est le produit des institutions économiques actuelles, lesquelles doivent être supprimées.

« Il existe encore une autre espèce de bourgeois qui tient de près à la bestialité. Celui-là se contente de jouir. Vivre, après nous la fin du monde, voilà cette brute. Il est égoïste, cruel, lâche, acclame Versailles et insulte les vaincus. Il pousse, avec la férocité du tigre, à l'égorgement des prolétaires.

« A celui-là la révolution ne coupera pas la tête, *elle lui arrachera le ventre !!!* C'est là, d'ailleurs, le sort qu'elle réserve aux charlatans en soutane. »

———

Voici pour la bonne bouche :

« Une instructive statistique recueillie par le *Paris-Journal*, et à laquelle on ne saurait donner trop de publicité.

PREMIÈRE RÉPUBLIQUE.

(Douze ans d'existence.)

Emprunts forcés	2,000,000,000 fr.
Ventes de biens nationaux	3,325,000,000
Émission d'assignats	47,000,000,000
Émission de mandats	2,407,600,000
	54,732,000,000 fr.

« Pendant cette période, la France a vu périr par les proscriptions, les fusillades, les mitraillades, les noyades, la famine, les échafauds, autant que par la guerre étrangère, près de QUATRE MILLIONS d'habitants, hommes, femmes et enfants.

« *Que de sang versé aux glorieuses journées de 1830, et par toutes les émeutes sous Louis-Philippe !*

DEUXIÈME RÉPUBLIQUE.

(Quatre ans d'existence.)

Passif........................ 7,000,000,000 fr.
Chiffre des hommes tués pendant les insurrections de février et de juin 1848 20,000
Impôt des 45 centimes........... Mémoire !.....

TROISIÈME RÉPUBLIQUE.

(Du 4 septembre 1870 au 28 mai 1871.)

Dépenses occasionnées par la continuation *insensée* de la guerre, alors qu'il eût été possible de conclure une paix acceptable , supplément d'indemnité réclamée par la Prusse et *gaspillage* financier de la dictature Gambetta... 7,000,000,000
Dommages causés par l'invasion. Mémoire.
Dommages causés par la Commune. 2,000,000,000
Chiffre des hommes que *l'ambition des républicains* a fait périr depuis le 4 septembre.......... 150,000
Idem tués pendant la Commune... 30,000

« En résumé, dans moins de dix-sept ans de règne, *les républicains ont coûté à la France* environ 70 milliards : par leur *ambition,* leur *despotisme,* leur *incapacité* ou leur scé-

lératesse, ils ont été la cause de la mort de *quatre millions et plus de Français*, Messieurs du centre gauche !... »

—

Extrait du *Moniteur*, douceurs de la république sœur.

« La guerre d'Amérique laisse au Nord une dette de 13 milliards de dollars.

« A côté des pertes matérielles, voici les pertes d'hommes.

« Un rapport du ministère de la guerre, publié à Washington, constate que le nombre des soldats fédéraux décédés par suite de maladies ou de blessures, pendant la guerre, est de 325,000 hommes. Le nombre des blessés, a été de 1,100,000 hommes.

« Total des tués et des blessés du côté des fédéraux, 1,425,000.

« Lorsqu'on connaîtra le chiffre des pertes des confédérés, on saura que cette guerre a couté la vie à 2 millions et demi d'hommes. Quelle admirable fraternité républicaine. »

La correspondance à laquelle nous empruntons ces détails, ajoute :

« 200,000 personnes de la Virginie, blancs et noirs, sont « nourris avec des rations du gouvernement. On délivre « par jour 11,000 rations à Richmond. »

« Voici le résumé officiel de nos pertes pendant la dernière guerre :

« 89,000 officiers et soldats ont été tués ou sont morts de leurs blessures. 26,000 ont péri à Forbach, Reischoffen, Borny, Gravelotte, Saint-Privat, et dans les engagements qui ont eu lieu autour de Metz pendant les mois de septembre et d'octobre.

« 10,000 hommes sont tombés autour de Sedan.

« Les armées de la Loire — corps de Chanzy et d'Aurelle de Paladines — ont perdu 22,000 hommes ; le corps du général Bourbaki, 7,000 ; celui du général Faidherbe, 3,500 ; celui de Garibaldi, 1,600.

« Les siéges de Strasbourg, Belfort, Phalsbourg, etc., ont fait 2,000 victimes ; celui de Paris, 17,000. Et qu'a fait tuer en sus la Commune ?... Mettons 200,000 tués et combien de blessés ? »

Le *Journal de Rennes* publie le renseignement suivant :

« D'après le calcul non d'un monarchiste, mais d'un *républicain illustre*, il y a eu en dix-sept ans, durant les dernières années du siècle dernier et les premières années du dix-neuvième, assez de *sang versé* pour remplir un lac profond de douze pieds, long de dix mille pieds, et non moins large. Ajoutons-y le sang versé depuis 48 ?

« Le socialisme, nous le craignons, creuserait encore ce lac hideux. Oh ! Progrès moderne !..... »

——

Extrait du *Figaro*.

PENSÉES D'UN ROUGE.

Parmi ce troupeau d'ambitieux qui habillent leur égoïsme d'un faux amour du peuple et qui font de son visage triste et souffrant un masque à leur sourire ironique, on remarque des *égoïstes*, des *intrigants* et des *fripons*.

Des égoïstes qui demandent la souveraineté du peuple, non pas pour diminuer sa misère, mais pour augmenter leur bien-être.

Des intrigants qui veulent voler le pouvoir dans un portefeuille.

Des fripons qui veulent y voler des billets de banque.

O hommes populaires ! vous voilà donc ! Voilà donc votre rêve ! Exploiter à votre profit les misères publiques des classes souffrantes, les exciter, les ameuter, les lancer confiantes et crédules vers un but qui n'est pas le bien-être pour elles, mais le bonheur pour vous !

Charles Hugo.

Nous ne nous dissimulons pas qu'à cette heure une portion du peuple, à coup sûr la moins digne et peut-être la moins souffrante, semble *agitée de mauvais instincts* ; l'envie et la jalousie s'y éveillent ; *le paresseux d'en bas regarde avec fureur l'oisif d'en haut...*

Un travail souterrain DE HAINE ET DE COLÈRE se fait dans l'ombre ; de temps en temps de graves symptômes éclatent et nous ne nions pas que les hommes sages, aujourd'hui si affectueusement inclinés sur les classes souffrantes, ne doivent mêler quelque DÉFIANCE à leur sympathie.

Victor Hugo.

—

Ces bons *travailleurs !*

Voulez-vous les rendre furieux ? Dites-leur que, à l'avenir, il leur sera défendu de travailler le dimanche.

Puis, cela fait, voulez-vous les rendre plus furieux encore, en leur prouvant qu'ils ne sont que des farceurs ?

Dites-leur que, en revanche, ils seront forcés de travailler le lundi !			(*Figaro.*)

—

Dialogue parlementaire :

— Eh bien ! voici la vallée du centre gauche qui fusionne avec la montagne du radicalisme !...

— Et voici la montagne qui est enchantée de l'avaler !...

(*Figaro.*)

—

— Oui, je veux l'appel au peuple, — nous écrit un lecteur anonyme qui prend la qualité d'ouvrier tailleur, et qui, à coup sûr, est un homme de sens, — je veux l'appel au peuple, mais voici comment :

Chaque électeur sera obligé de répondre sur un bulletin de vote aux trois questions suivantes :

1° Qu'est-ce que la République ?

2° Qu'est-ce que la Monarchie ?

3° Qu'est-ce que l'Empire ?

Les réponses seraient faites dans la salle du scrutin, sans formule préparée d'avance, sans aide ni conseil d'aucune sorte. Les ratures et surcharges seraient permises. Le vote de tout électeur qui n'aurait pu définir les conditions d'existence du régime pour lequel il vient de voter, serait nul et non avenu.

Parions qu'il n'y aurait pas beaucoup de votes valables.

—

Encore du *Figaro :*

« Il y a quelques jours, un prestidigitateur fut appelé, à Marseille, dans un cercle d'ouvriers légitimistes, à l'occasion de la fête patronale.

« — Eh bien ! Messieurs, que voulez-vous que je fasse maintenant ? dit-il après quelques tours ?

« — Si vous escamotiez la République, s'écria un ouvrier. » Amen.

—

CE QUE COUTENT LES RÉVOLUTIONS.

RÈGNE DE LOUIS XVIII.

Exercice de 1823. — Budget des dépenses. — Loi du 17 août 1822.

Budget de la dette consolidée et de l'amortissement...........................	228,621,160
Dépenses générales....................	534,261,220
Frais de régie, d'exploitation, de perception, et non-valeurs de contributions indirectes et directes et des remises de l'État..	130,664,073
Remboursements et restitutions à faire aux contribuables sur le produit desdites contributions...........................	6,189,000
Total des dépenses.....	899,735,453

RÈGNE DE CHARLES X.

Budget des dépenses pour l'exercice 1830. — Loi des 2 et 6 août 1829.

Dépenses de la dette consolidée et de l'amortissement...........................	245,483,370
Dépenses générales....................	557,188,370
Frais de perception et d'administration des impôts directs et indirects et des revenus de l'Etat	128,169,037
Remboursement et restitutions à faire sur le produit desdits impôts et le payement des primes à l'exportation.............	41,999,098
Total des dépenses....	972,830,875

RÈGNE DE LOUIS-PHILIPPE.

Exercice de 1848. — Budget des dépenses. — Loi du 11 août 1847.

Service ordinaire :

ette publique........................	384,340,1970
DDotations..........................	14,922,15
Service des ministères	731,335,108
Frais de régie, perception et exploitation des impôts.........................	156,803,495
Remboursements, restitution, non-valeurs, primes et comptes	73,185,720

Service extraordinaire :

Travaux régis par la loi du 25 juin 1841...	20,298,500
Travaux régis par la loi du 11 juin 1842..	63,230,000
Crédits pour services spéciaux	21,288,592
Total des dépenses....	1,467,403,762

RÉPUBLIQUE DE 1848.

*Exercice de 1852. — Budget des dépenses. —
Lois des 16 et 20 août 1851.*

Dette publique et services généraux des ministères....................... 1,001,855,700
Dépenses d'ordre, frais de perception d'impôts, etc........................... 428,507,538
Travaux extraordinaires, exercice de 1852. 73,035,602

Total des dépenses.... 1,503,398,840

RÈGNE DE NAPOLÉON III.

*Exercice de 1870. — Budget des dépenses. —
Lois des 8 et 13 mai 1869.*

Budget ordinaire 1,670,882,748
Budget extraordinaire................... 123,406,810
Amortissement.......................... 77,122,000
Services spéciaux attachés par ordre au budget............................ 91,848,909
Dépenses sur ressources spéciales 280,208,278

Total des dépenses.... 2,243,558,745

RÉPUBLIQUE DE 1870.

Le budget des dépenses n'est pas encore établi.

Il est bon d'observer qu'il faudra y ajouter forcément les intérêts des 5 milliards que l'on doit verser à la Prusse, plus les intérêts des 5 milliards qu'a coûté à la France la dictature Gambetta, plus, probablement, les intérêts d'un milliard que nous a coûté le soulèvement des communards de Paris ! C'est environ 600 millions qu'il nous faudra trouver annuellement en dehors de ce qui est nécessaire pour assurer les services publics !

En tenant compte des accroissements de population, on trouve, en chiffres ronds, que chaque habitant de la France a payé en moyenne, annuellement au Trésor :

Pendant la Restauration...................... 32 fr.

Pendant la monarchie de Juillet.............. 36 fr.

Pendant la République de 1848.............. 42 fr.

Pendant le deuxième empire .... 55 fr.

Pendant la République de 1870, il est probable qu'il n'en sera pas quitte pour .... 70 fr.

Malgré ces chiffres indiscutables, les feuilles communardes n'en continueront pas moins à dire et à répéter que le gouvernement à bon marché c'est celui de la République.

Leur persévérance à propager ce mensonge prouve le cas qu'elles font de l'intelligence de leursl ecteurs.

FIN.

Lyon. — Imp. Aimé Vingtrinier.

www.ingramcontent.com/pod-product-compliance
Lightning Source LLC
Chambersburg PA
CBHW051242030726
47595CB00003B/1050